多年冻土区高速公路路基稳定性及新型防控措施研究

——以青藏高速公路试验工程为例

袁　昌　俞祁浩　钱　进　著

中国原子能出版社

图书在版编目（CIP）数据

多年冻土区高速公路路基稳定性及新型防控措施研究 ：以青藏高速公路试验工程为例 / 袁昌，俞祁浩，钱进著. 北京 ：中国原子能出版社，2024. 11. -- ISBN 978-7-5221-3813-8

Ⅰ. U416.1

中国国家版本馆 CIP 数据核字第 2024CH0607 号

多年冻土区高速公路路基稳定性及新型防控措施研究——以青藏高速公路试验工程为例

出版发行	中国原子能出版社（北京市海淀区阜成路 43 号　100048）
责任编辑	杨　青
责任印制	赵　明
印　　刷	北京金港印刷有限公司
经　　销	全国新华书店
开　　本	787 mm×1092 mm　1/16
印　　张	10
字　　数	148 千字
版　　次	2024 年 11 月第 1 版　2024 年 11 月第 1 次印刷
书　　号	ISBN 978-7-5221-3813-8　　　定　价　**72.00** 元

发行电话：**010-88828678**

前 言

随着《国家高速公路网规划》的逐步实施，属于首都放射线之一“北京—拉萨”线内的青藏高速公路开始全线修筑。青藏工程走廊内现有的道路工程，如青藏公路、青藏铁路均出现了不同程度的工程病害，冻土问题是路基工程的关键问题。为保护路基下伏多年冻土，工程建设相关部门已提出采用“主动冷却”路基原则进行修筑，并在青藏公路、青藏铁路建设中成功应用，但仍然存在降温效能不足或引发次生工程病害的现象。在青藏高速公路条件下，一方面，路基幅宽的增大造成路基吸热量成倍增加，并对高原冻土生态环境造成更严重的负面影响；另一方面，为满足高速公路更大交通量和更快设计速度的要求，路基须达到更高的建筑标准，这将使得青藏高速公路工程病害问题更加突出，同时对工程措施提出更高的要求。因此，本书结合青藏高速公路试验示范工程（简称“试验工程”）路基实测数据和数值计算结果，从路基传热和变形两方面对无附加工程措施的冻土高速公路路基稳定性进行系统分析，并对试验工程内热管路基纵向裂缝的形成机理和路基结构新型措施的调控效果开展研究，得出以下主要结论。

（1）研究并确定了冻土高速公路条件下无工程措施路基的传热特性和量值特征。路基幅宽的增加，增强了路基对下伏冻土的热影响强度。高速公路整体式路基顶面宽度是分离式路基的 2 倍，整体式路基下多年冻土地基的吸热热流量相比分离式路基增加了约 80%，增加的部分主要集中在路基中心区域，并导致路基下多年冻土升温和退化速度加快了约 1 倍。当不采用工程措施修筑高速公路时，分离式路基相比整体式路基更有利于保护多年冻土。根据路基地温响应特征，在高速公路条件下，高低温多年冻土区工程划分界限为－1.8 ℃。在年平均地温低于－1.8 ℃多年冻土区，可通过调整路基高度避免路基下部多年冻土融化，基本维持冻土路基稳定；在年平均地温高于－1.8 ℃多年冻土区，增加路基高度无法确保路基稳定性。在多年冻土区，路基对周边冻土场地的热影响作用随距离呈指数式衰减，且在一定的热影响范围内才具有显著影响。在修筑青藏高速公路时，为消除或削弱新修高速公路与青藏工程走廊内现有的工程之间，或当采用分离式修筑方案时的两幅路基之间的相互热影响作用，应使各工程的热影响范围相互独立。

（2）研究了多年冻土高速公路无工程措施路基的变形过程，得出了与普通公路相比的独特特征。相比普通公路，高速公路具有更大的路基宽度，不仅显著增加了路基产生的沉降变形，而且增大了路基在横向内产生的差异性变形。在试验工程完成后第 6 年，无附加工程措施的对比路基段产生的最大沉降变形和横向差异变形分别为 60 cm 和 33 cm，两者分别是相近冻土环境和工况条件下青藏普通公路的 1.6 倍和 1.3 倍。高速公路路基更显著的沉降变形，不仅来于由多年冻土退化引起的更大的融沉变形，而且路基产生了更大比例的冻土蠕变变形。在与试验工程场地基本相同冻土环境条件下，青藏普通公路路基沉降变形来源中，融沉变形约占总沉降量的 80%，高温多年冻土压缩、蠕变约占 20%，而试验工程内路基沉降变形来源中，融沉变形约占总沉降变形的不到 60%，高温冻土蠕变占比超过 40%。对于试验工程路基产生的横向差异变形，受路基阴阳坡温度差异的影响，路基变形来源呈递变状态。从路基阳坡路肩至阴坡路肩，路基沉降变形来源中融沉变形占比由 57%降低至 41%，高温冻土蠕变占比由 43%增加至 59%。

（3）研究了高速公路试验工程内斜插热管路基纵向裂缝的形成过程和主控因素，发现热管引起的温度场不均匀变化是路基纵向裂缝产生的根本原因。在试验工程斜插热管路基内，热管的降温效果集中在路基中心区域，引起路基中心区域产生冻胀变形，但路基其他区域仍然呈沉降变形，并在路基阳坡路肩附近小范围区域内形成显著的变形差异。在路基横向差异变形作用下，路基内应力状态发生重新分布，并在路基顶面出现最大拉应力。当路基顶面最大拉应力值超过路面沥青混凝土劈裂强度时，路基发生纵向开裂。计算至工程完成后第 2 年，斜插热管路基阳坡路肩附近 4 m 范围内形成的最大差异变形约为 33 cm，纵向裂缝最初可能出现的位置位于阳坡侧半幅路基顶面内、距路基中心 1.8～2.8 m 范围内，出现的时间可能在路基完成后次年 5 月之前或者次年 10～12 月。

（4）为了优化热管路基结构的调控效果，提出了新型热管路基结构。结合斜插热管路基在路基中心区域的降温特性，和直插热管路基在路肩下的降温特性，提出“直插—斜插交替式”热管路基结构。在该路基结构中，路基两侧路肩的热管均按照直插式、斜插式交替设置，克服了斜插热管路基在阳坡下降温效能不足的缺陷。在新型热管路基结构条件下，路基产生的最大沉降变形相比斜插热管路基减少了约 60%，路基最大差异变形减少了约 40%，路基顶面最大差异变形减少了约 80%，并将使得路基顶面最大拉应力低于沥青路面材料的劈裂强度。

（5）研究了高速公路通风管－空心块层复合路基内传热过程，得到了该路基结构的调控特性。在试验工程内各工程措施路基段中，通风管－空心块层复合路基表现出了最佳的调控效果。该路基结构充分利用了空心块层的“单向导热”效应，结合通风管的对流换热作用，对冻土路基进行降温。在该复合路基结构下，冻土地基由初始的吸热状态转变为放热状态，且路基底面的垂向热流密度分布基本均匀，受阴阳坡温度差异影响较小，路基温度场呈平整、对称分布。该路基结构能满足多年冻土区高速公路长期热稳定性要求，且在多年冻土各地温区具有广泛的适用性。

（6）研究了通风管－空心块层复合路基结构应用到高速公路整体式路基条件下的调控效能，发现了该路基结构在宽幅路基条件下表现出“聚冷效应”。在整体式复合路基条件下，路基底面的垂向热流密度分布规律与分离式复合路基基本一致，但经路基底面放出的热流量约是分离式路基的 1.67 倍，增加的放热热流量主要集中在路基中心区域。整体式路基条件下“聚冷效应”产生的原因是，路基宽度的增大一方面提升了复合路基结构的放热效率，另一方面提升了路基对“冷能”的持有能力，这将对下部冻土地基产生更强、更深的影响范围。在该“聚冷效应”的作用下，整体式路基下冻土地基持力层净放热量约是分离式路基的 3 倍，冷储量约是分离式路基的 3.6 倍，并使得整体式路基下低温冻土核温度较分离式路基整体降低了约 0.5 ℃。当采用该新型路基结构修筑高速公路时，推荐选用整体式修筑方案，整体式路基将相比分离式路基具有更好的抗热扰动能力。

目 录

第1章 引 言

1.1 研究背景及意义

1.1.1 冻土特性及分布

冻土是具有负温或零温并含有冰的土类和岩石，由土体颗粒、冰、水、空气四种相态物质组成。由于其内部复杂的相态组成，尤其是在温度作用下的冰水相变过程，使得冻土在物理、热学、力学性质等方面具有独特之处。冻土中未冻含水量随温度呈指数变化，在 −1.0～0 ℃变化得尤为剧烈。由于冻土中含冰量、含水量相对占比的变化，冻土的传热特性（包括导热系数、比热容）、力学性质（包括弹性模量、压缩系数、蠕变强度）均随温度发生显著变化。

冻土的冻结状态是冻土性质的核心影响因素。根据冻土冻结状态持续的时间，冻土可主要划分为多年冻土和季节冻土，其中，多年冻土冻结状态持续时间在 2 年或 2 年以上，仅在表层几米范围内处于夏融冬冻的状态，该层称为季节融化层或季节活动层；季节冻土指地表浅层几米范围内的土体冬季发生冻结，夏季重新发生融化，该层成为季节冻结层或季节活动层。在全球范围内，各类冻土分布的面积约占总陆地面积的50%，其中多年冻土约占总陆地面积的25%。我国作为继俄罗斯、加拿大之后的世界第三大多年冻土国家，多年冻土面积约为2.15 × 10^6 km^2，占我国国土面积的22.4%，主要分布在青藏高原及东北高纬度地区。在青藏高原地区，平均海拔约为4 000 m以上，位于北纬 26°～40°，该地区内冻土分布主要受海拔影响，是典型的高海拔、中低纬度多年冻土区，多年冻土面积约为150 × 10^4 km^2，约占我国多年冻土总面积的85%。

1.1.2 冻土工程问题

随着青藏铁路、青藏公路、中俄输油管道、青藏直流输电线路等重大工程的建设，冻土工程问题日益得到广泛关注。冻土工程的关键是冻土问题，冻土问题的核心是多年冻土地温和地下冰空间分布。由于冻土中复杂的组成成分，尤其是冰相的存在，使得冻土具有较强的温度敏感性，且在高温高含冰量冻土区表现得尤为显著。在冻土工程与气候变暖双重作用下，多年冻土出现了土体温度升高和加速退化的现象。根据政府间气候变化委员会（IPCC）报告显示，21 世纪全球平均气温将升高约 2.5 ℃，可能的变化范围为 1.4～5.8 ℃，而青藏高原未来50年气温可能上升2.2～2.6 ℃。在天然状态下，气候变化使得多年冻土退化速度约为1.5～4.5 cm/a；随着青藏公路沥青路面的铺筑，由于其强烈的吸热作用和较弱的蒸发过程，使得路面下温度较天然状态最大高出 10～15 ℃，且路基下冻土退化速度加快了 6～25 cm/a，甚至在路基内形成融化夹层。

1.1.3 冻土路基变形及工程病害

根据青藏公路、青藏铁路沿线地温监测显示，多年冻土年平均地温最低约达−3.8 ℃。其中，青藏铁路沿线高低温冻土划分界限为−1.0 ℃，高于该界限温度的高温冻土区约占1/2；对于青藏公路沿线高低温冻土划分界限为−1.5 ℃，高于该界限温度的高温冻土区约占3/4以上；高含冰量冻土约占40%。大范围的高温高含冰量冻土分布使得路基工程较为普遍地出现沉降变形现象，青藏公路出现的路基病害中约85%是由融沉引起的，青藏铁路沿线路基变形超过85%表现为沉降变形。

在冻土环境与工程的相互作用下，路基产生的各类病害问题将直接影响工程稳定及投入运行过程中的安全性。根据对青藏工程走廊内各工程的调查和现场观测发现，青藏公路沿线出现最为普遍的是由沉降变形引起的包括路基横向倾斜、纵向开裂、纵向凹陷、波浪凹陷等病害形式，且主要发生在高温地区，在高含冰量冻土区表现得更为明显；青藏铁路沿线出现的路基病害主要为高温冻土区路基不均匀沉降变形、纵向裂缝等问题。工程病害的发生一方面取决于当地的冻土地温条件，还取决于地质条件，尤其是地下冰分布特征。另外，路基幅宽、高度、走向、坡度等工程条件也在一定程度上影响路基病害的表现形式及发育程度。

1.1.4 工程措施现状

为了保护路基下多年冻土，有关部门已提出了采用“主动冷却路基”思想对路基进行修筑，通过改变路堤结构和材料等对路基进行辐射、对流、传导调控，如采用通风管、块碎石层、热管及各类措施相结合等方式。通过野外现场试验监测、室内试验及数值计算等途径研究并证实了各项措施具有不同程度的降温效果。尽管如此，部分工程措施在实际应用中仍然存在降温效果不理想，甚至产生了新的次生病害等问题，如在青藏铁路清水河热管试验段出现了路基开裂问题，共和—玉树高速公路块石路基、通风管路基段出现降温效能不足及地温场不对称等现象，青藏公路清水河热管路段及中科院高速公路热管试验路基段出现纵向裂缝。

1.1.5 研究的意义

随着《国家高速公路网规划》的逐步实施，青藏高速公路也将开始全线修筑。从格尔木到拉萨，青藏高速公路全长约 1 100 km，是国家“71118”高速公路网中京藏高速尚未建设的最后一段。当前对多年冻土区道路工程的研究主要集中在二级公路和铁路，而高速公路建设案例较少，实体工程比较缺乏，没有成熟的建设经验可以借鉴。首先，高速公路路面宽度相比二级公路成倍增加，路基的吸热量以及对下部多年冻土热扰动强度均有所增加，路基内传热特性有所差异，这将使得青藏公路的研究成果难以直接应用于青藏高速公路路基调控；其次，高速公路设计的交通量、设计速度等均大于二级公路，使得高速公路的修筑在路基承载力、路基变形等方面须达到更高的标准。路基工程问题将更加突出，同时也对路基调控措施提出了更高的要求。因此，为了更好地维持青藏高速公路的长期稳定性，对冻土高速公路路基传热、变形特征及更有效的防治措施的研究具有重大意义。

1.2 国内外研究现状

1.2.1 多年冻土区道路工程现状

冻土工程问题是世界性的难题。在道路工程建设中，俄罗斯最早在 1895 年开始修筑第一条西伯利亚大铁路，全长 9 446 km，其中有 2 200 km 穿越多年冻土区；20 世纪 70 年代末开始修建第二条西伯利亚大铁路（贝阿铁路），全长 3 500 km，其中 2 500 km 穿越多年冻土区。加拿大最早于 1910 年修建了哈德逊湾铁路，全长 820 km，其中 611 km 穿越多年冻土区。美国最早在 1919 年修建了阿拉斯加铁路，全长 756 km，其中 378 km 穿越多年冻土区；

在阿拉斯加建成的道尔顿公路，全长约 1 300 km，其中 70%穿越多年冻土区。根据上世纪末铁路沿线调查，第一条西伯利亚大铁路在运营一百多年后，工程病害率达 40.7%，贝阿铁路的工程病害率约为 27.7%；加拿大哈德逊湾铁路有 700 多处沉降地段，年沉降量约为 100～150 mm。

在我国，多年冻土主要分布在东北和青藏高原地区。在东北大、小兴安岭早期修建的铁路干线包括牙林线、潮乌线、嫩林线、伊加线等，穿越多年冻土的共有 800 km 左右。在 21 世纪初修建成的黑大公路，其中从黑河至北安段跨越小兴安岭岛状多年冻土区，该区段公路全长约 148 km，路基受融沉和冻胀影响，多段出现坍塌、滑坡、裂缝、翻浆、坑槽等病害问题。2012 年修建完成的哈大高铁，是世界范围内严寒地区第一条高速铁路客运专线，设计时速为 350 km/h，全线采用无砟轨道，路基工程总长 241 km。哈大高铁主要位于季节冻土区内，根据其沿线变形监测显示，路基以冻胀变形为主，投入运营后的第 1 年、第 2 年、第 3 年内出现的冻胀量超过 4 mm 的路段长度分别为 3.3 km、2.3 km、1.3 km。

在青藏高原多年冻土区，多年冻土分布更为广泛，冻土类型更为全面丰富，且气候条件更为恶劣。青藏公路从 1954 年通车至今，路基病害问题一直未得到根本解决。从早期的砂砾石路面出现路基翻浆沉降问题，到二期改建后沥青路面出现的以沉降变形为主引起的病害问题，如路基沉陷变形、路面开裂等。青藏公路从格尔木到拉萨路段总长约 1 051 km，其中穿越多年冻土区约 750 km，根据 2012 年对青藏公路路基病害调查发现，路基状态为次和差的公路段占多年冻土区内总路段的 4.77%，总长度约 28 km。与青藏公路平行修筑的青藏铁路，自 2006 年试通车以来，尽管路基工程总体上处于稳定状态，根据 2010 年对青藏铁路变形监测显示，98%以上的路段监测结果满足路基的工后沉降量要求，其中，约 92%年累计变形量小于 2 cm，约 6%年累计变形量大于 2 cm 而小于 5 cm，约 2%的年累计变形量超过 5 cm，但沉降变形仍然是影响路基稳定性的主要因素。

1.2.2 多年冻土区路基地温响应特征研究

冻土温度是冻土工程中的核心问题，它将直接影响冻土的力学性质，并进一步影响冻土工程的稳定性。在冻土路基下，冻土地温变化一方面取决于气候条件的变化，另一方面则受到工程因素的影响。气候变暖已经成了不争的事实，根据过去对青藏高原地温监测显示，多年冻土呈退化趋势，过去30年年平均地温升高了0.1～0.5 ℃，多年冻土区高度下限上移40～80 m，冻土面积减小约 10^5 km^2，季节活动层厚度、冻土上限深度均有所增加，在过去10年内浅层内多年冻土温度内升高了0.12～0.67 ℃。在青藏高原未来50年气温上升2.2～2.6 ℃大概率事件的背景下，冻土温度将持续升高，多年冻土退化将持续进行，多年冻土将退化为季节冻土，衔接性冻土将退化为不衔接性冻土，50 年后多年冻土面积可能减少约 9%～14%，100 年后将可能减少13.5%～46%。由气候因素引起的冻土环境变化，将直接对冻土路基的热稳定性产生负面影响。

在工程因素影响方面，多年冻土区道路工程的修筑直接改变了原天然地表与大气之间的热交换条件，并增加了冻土路基的热量累积，在高温冻土区产生的影响较为显著，尤其是沥青路面的铺筑，通过增加对太阳辐射的吸收以及减少路面的蒸发耗热，冻土路基的热量积累大幅度增加。这对冻土路基热稳定性产生的直接影响是使得路基下冻土加速升温、冻土上限加速下降，甚至形成融化夹层。

在多年冻土区，路基的热量来源及传热过程特征存在尺度效应，包括受路基（路面）类型、路基高度、路基宽度、路基走向、路基坡面坡度等影响。关于路基（路面）类型的影响，对于早期砂砾石路面的青藏公路，或者青藏铁路路基，热量主要来源于坡面吸热，且向下伏冻土地基传递的热流主要集中在路基坡面下区域；当青藏公路改铺沥青路面后，热量主要来源于路面吸热，且向冻土地基传递的热流主要集中在路基中心区域。在其他工况及冻土环境相同的条件下，沥青路面的铺设使得路基底面的热流强度增加了约2倍。

路基填土高度直接影响了大气与下伏冻土地基之间热交换的热阻大小。在沥青公路条件下，当路基高度较低时，路基高度的增加能缓解或阻止人为冻土上限下降，但增加到一定高度时，路基内将形成融化夹层，并导致冻土上限进一步持续下降。因此，可能存在路基临界高度同时满足冻土上限不下降，且不形成融化夹层的要求，而该临界高度的存在性取决于当地的冻土环境温度（年平均气温，或者年平均地温）。

在沥青公路条件下，路基路面宽度不仅很大程度上决定了进入冻土地基的热量来源，更影响了路基内传热特征。相比于二级公路，当路面宽度增加1倍时，进入下伏冻土地基的热流量增加了约60%，且增加的热流量主要集中在路基中心区域，产生“聚热效应”，进而使得冻土退化和升温速度相应成倍增加。

由于路基的走向问题，路基两侧坡面接受的太阳辐射量可能有所不同，造成两侧坡面吸热产生差异，进而引起路基内地温场不均匀分布，尤其是在高速公路路基或铁路路基条件下，路基阴阳坡面温度差异普遍存在。根据青藏铁路路基地温监测显示，两侧坡面温差可达3.0 ℃以上，路基内部形成的不对称地温场将引起路基产生差异变形，甚至导致路基纵向开裂。

随着青藏工程走廊内各类工程的不断修筑，从早期的青藏公路、青藏铁路、格拉输油管道，到近期修筑或即将修筑的青藏直流输电线路、青藏高速公路，工程之间的相互热扰动及可能引发的次生病害已经成了需要考虑的新的冻土问题。相关专家对冻土路基热影响及道路工程间的相互热扰动已进行了初步研究，当前主要限于通过温度或温差判别冻土路基的影响范围，以及工程之间的温差场判别、相互之间的热扰动程度，并发现冻土路基的热影响范围与路基宽度呈正相关，与冻土环境温度呈负相关，而路基阴阳坡两侧的热影响范围与路基高度可能存在相反的相关性，关于冻土路基的热影响特征仍然有待于更多更深入的讨论与研究。

对于即将修筑的青藏高速公路，路基宽度增加到 13 m（分离式）、26 m（整体式），冻土工程问题将更加严重。为达到高速公路更高的修筑标准，对高速公路条件下路基传热及地温响应特征的进一步深入研究尤为重要。

1.2.3 多年冻土区冻土路基变形研究

冻土路基的主要变形形式包括冻胀和沉降两种，除了路基填土高度外，路基变形的发生及变形量值主要取决于当地年平均地温和地质条件，其中地质条件以地下冰分布的影响尤为显著，在冻土地下冰不均匀分布和路基温度场的影响下，路基可能产生不均匀变形。对于青藏公路，路基变形以沉降为主，在高于 – 1.5 ℃的冻土区，路基变形和工程病害问题尤为突出，而在低于 – 1.5 ℃地区路基沉降变形幅度较小，且路基病害发生率也明显降低；对于青藏铁路，在低于 – 1.5 ℃冻土区，路基主要呈小幅度的季节冻胀，在高于 – 1.5 ℃地区，路基变形开始转变为沉降变形，且沉降变形量变化趋势在 – 1.0 ℃附近发生变化。因此，对多年冻土进行高低温区域工程划分时，青藏公路沿线划分界限为 – 1.5 ℃，青藏铁路沿线划分界限为 – 1.0 ℃。对于即将修筑的青藏高速公路，其路基尺寸较青藏公路大幅度增大，路基吸热量相应增加，这也将造成其路基变形及其来源有所差异，高低温划分界限标准也进一步发生变化。

关于冻土路基沉降变形的来源，主要考虑以下几个部分：多年冻土融化引起的融沉变形，高温冻土和季节活动层的蠕变，以及在路基荷载作用下冻融循环引起的附加变形。在冻土路基修筑完成后，随着路基下冻土上限下降，路基产生沉降变形。该部分变形主要包括冻土融化时产生的变形和融化后压缩固结变形，其量值主要取决于路基下冻土上限下降的程度、冻土含冰量大小及上覆路基荷载。对于蠕变，以高温冻土的蠕变最为显著。在路基完成后，下伏冻土蠕变主要受土体温度和含冰量的影响，即随着冻土温度越高、含冰量越大，其后续产生的蠕变量越大，尤其在 – 1.0～0 ℃变化最为剧烈。因此，在高温高含冰量冻土区，冻土蠕变将导致路基产生较显著的沉降变形。关于由冻融循环引起的附加变形，主要考虑工程建成后初期由于冻融循环引起活动层孔隙率发生变化，进而改变了土体的物理性质，比如弹性模型和抗剪强度等，在路基荷载作用下产生了附加变形。根据青藏公路、青藏铁路路基变形监测结果，在高温冻土区，当路基下冻土上限下降时，路基变形主要来源于融沉、高温冻土蠕变，其中融沉占主要部分；当采取措施使得冻土上限不下降时，路基变形主要来源于下伏高温冻土层蠕变变形。在低温冻土区，多年冻土温度较低，冻土上限变化较小，路基沉降变形主要来源于冻土压缩、蠕变引起的沉降变形。

在对冻土路基不均匀变形的研究中发现，除了地下冰不均匀分布外，路基阴阳坡温度差异也会产生显著的影响。根据对 214 国道清水河路段地温–变形监测发现，路基阴阳坡温度差异约 –4～2 ℃，由此在横向内引起的差异变形在路基完成后第 3 年达到了 20 cm。随着横向内差异变形的发生和持续发育，使得青藏公路较为普遍地产生了路基纵向裂缝，成为继沉降之后的第二大类型的路基病害。

1.2.4 冻土路基工程措施调控效能及次生病害研究

冻土路基产生变形的根本原因在于地温发生变化，维持路基的稳定性首先需要对路基进行地温调控。当前对冻土路基调控的措施主要可以分为两大类，即被动措施和主动措施。其中，被动调控是指根据保温原理，通过增加路基内热阻使路基下冻土上限不下降，如增加路堤高度、使用保温材料等。主动调控是指通过改变路堤结构和材料，从热传导、热对流、热辐射三个角度对路基进行调控，增大路堤的放热强度而减小吸热强度，达到对路基降温的效果，例如采用通风管、块碎石层、遮阳板、热管等措施。为了增强对冻土路基的降温效果，可以将多种调控措施结合应用于路基工程，或采用附加调控降温效果增强的装置，如热管-保温板、通风管-块石层等复合路基，或在通风管口设置温控风门，并通过现场、室内试验，以及数值模拟等方法，验证了以上措施的调控效果。

保温板作为典型的被动调控措施被广泛应用于青藏公路、青藏铁路路基，主要是利用其较低的导热性质阻止外界热量进一步进入下部冻土层。根据青藏铁路北麓河试验路基保温路段地温监测显示，路基下冻土上限有所上升，但是主要是以消耗下伏多年冻土“冷能”为代价，致使多年冻土温度仍然持续升高。根据数值计算对保温板的长期调控效果预测，在沥青公路条件下，保温板并不能实现对下伏多年冻土的长期保护作用。

通风管是一种典型的热对流调控措施，在路基内埋设与路基走向垂直的通风管，在路基内部与外界环境之间建立对流界面，通过管内空气对流将路基内的热量带出。通过青藏铁路北麓河试验段通风管路基现场地温监测以及对通风管路基进行数值模拟计算结果都可以看出，通风管路基均表现出较好的降温效能，路基内冻土上限上升且下部冻土温度有所降低，但考虑气候变暖时，该种调控路基的有效区域在年平均地温低于约 -1.0 ℃地区。由于通风管路基发挥降温效能的时间主要是在冬季，而在夏季，空气中的热量也将通过通风管道进入路基内部。为了减少夏季期间冷能的流失，可以在通风管的一端或两端安装自控风门，这样能使通风管路基的降温效能提高约 1 倍。

块（碎）石层是一种对流调控措施，利用其产生的 Balch 效应，对下伏冻土地基进行降温效果。块石层内空气对流及温度特性随着块石层上下边界温度差的周期性变化：当块石层上边界温度低于下边界温度时，块石层内发生空气对流，该对流过程将对下部土层产生降温作用；当块石层上边界温度高于下边界温度时，块石层内空气基本静止，该期间主要表现为热传导过程，对下部土层起到保温作用。在不同时期内，块石层表现出不同的传热方式，使块石层出现类似“热半导体效应”，即温度非对称性变化。根据室内试验研究表明，块碎石粒径为 20～30 cm 的块碎石层能达到最好的降温效果。对冻土区块碎石路基现场试验和数值模拟计算发现，块碎石层路基表现出了较好的降温效果，尤其是在温度较低的冻土区效果显著，不仅能使路基下冻土上限上升，且下部冻土温度呈降低趋势；但在地温较高的冻土区，如在五道梁地区（年平均地温≈−1.0 ℃），尽管块石路基中仍然存在“热半导体效应”，但并不能阻止路基下冻土地基继续退化和升温，仅能起一定的减缓作用。

热管是一种利用低沸点工质实现单向传热的装置，该装置在冷凝器和蒸发器之间的温差驱动下工作，且其传热效能与两端的温差近似成正比关系。由于其高效的导热性能，且无须外加动力源，对高原生态环境无负面影响，因此被广泛应用于对青藏高原冻土工程进行调控降温。在对应用于青藏高原冻土区的热管传热特性室内试验研究中发现，当冷凝段温度低出蒸发段约 0.2 ℃时热管开始工作。根据青藏公路、青藏铁路热管路基监测数据显示，热管主要在冬季期间表现出较强的降温效果，伴随着冻土上限上升和地温降低，路基产生的沉降变形大幅度减少，如在青藏公路开心岭路段，热管使用前后路基变形减少了约 5/6，并在一定程度上削弱了阴阳坡效应对冻土路基地温场和变形产生的不对称影响。根据数值计算结果显示，从长期调控效果来看，即使在高温冻土区，热管也能为冻土路基提供较长久且稳定的降温效能。由于公路路基底面热流密度从坡脚至路基中心呈递增式分布，热管采用斜插式安装方式相比直插式能重点对路基中心部位进行降温，对冻土路基内降温作用具有更好的针对性，相应提高了路基的热稳定性。为了增强热管的降温效果，可将其与保温板结合使用，将其埋置在路基内，进一步减少热量进入下伏冻土地基。然而，热管仅对管壁有效半径范围内的土体有较明显的降温效果，该影响半径约为 1.8～2.25 m。由于热管的高局部降温特性，可能会引发热管路基产生次生工程病害，如在青藏铁路、青藏公路清水河热管试验路段均出现纵向裂缝。

1.2.5 冻土高速公路路基工程措施研究

相比于冻土区铁路和公路，高速公路宽幅路基不仅具有吸热量更大、对下伏多年冻土热扰动性更强的特征，而且需承担更大的交通运输量，须满足更高的筑路技术标准，这无疑对保护多年冻土的工程措施提出更高的要求。在共玉高速公路建设中，采用了块石路基、保温路基、通风管路基等典型工程措施，尽管展现出一定的降温效果，但下部冻土地温均呈现出升高趋势。在青藏高速公路试验工程内，斜插热管路基段也出现了青藏公路、青藏铁路热管试验段类似的纵向开裂现象。可见，现有保护冻土的典型工程措施不能直接应用于高速公路冻土路基，它们存在降温效能不足等问题，且难以到达整体、均匀降温的效果。针对青藏高速公路的全线修筑，为维持高速公路路基的长期稳定性，对有效工程措施的研究迫在眉睫。

1.3 本书主要研究内容

当前对冻土路基的研究成果发现，要保持冻土路基的稳定性，首先需要解决的是路基热稳定性问题。尽管各种调控措施对冻土路基具有不同程度的降温效果，但仍然存在其相应的适用条件或降温效能不足的现象，且可能引发次生路基工程病害。为了有效维持青藏高速公路的路基热稳定性，首先需要认识清楚以下问题：在高速公路宽幅条件下，路基温度场和变形相比青藏公路的独特之处？面对高速公路更高的修筑标准，当前工程措施方面的研究成果应用于高速公路路基的调控效果如何？为维持路基的长期稳定性，新型路基结构能否提供有效的降温效能？

为此，本书拟按照“路基传热—路基变形—病害机理—防控措施”主要思路，对多年冻土区高速公路路基稳定性及其防控措施从以下方面展开研究：

（1）研究多年冻土环境条件下高速公路无工程措施的路基内传热特性和地温响应特征。借助有限元数值计算方法，模拟冻土条件下高速公路不同形式的路基内温度场，根据计算结果研究冻土区高速公路路基内热流分布和温度场变化特征，并讨论了高速公路条件下冻土区温度工程划分和由于高速公路的修筑引起的新的工程问题。

（2）研究多年冻土高速公路无工程措施的路基相比普通公路路基的独特变形特征。基于中国科学院青藏高速公路试验示范工程（简称“试验工程”）内无工程措施的对比试验路基的地温、变形实测数据，研究冻土高速公路路基变形过程，并与青藏普通公路路基变形特征进行对比分析。

（3）研究多年冻土高速公路斜插热管路基出现的次生工程病害形成过程，并尝试对热管路基结构进行优化。针对试验工程内斜插热管路基段出现的纵向裂缝，通过分析路基内温度场、路基变形和应力状态的变化过程，研究该工程病害产生的过程和机理。为了获得更好的调控效果，对热管路基结构进行改良，并通过数值计算验证其改良效果。

（4）研究新型路基结构在冻土高速公路条件下的调控效能。结合试验工程内通风管-空心块层复合路基内实测地温数据和对该路基温度场模拟计算的结果，研究该路基结构的降温效能及其在冻土区的适用性。

第2章　冻土高速公路路基传热特征及其工程影响研究

2.1 引　言

在多年冻土区，道路工程的修筑改变了原天然地表与大气之间的热量平衡条件。在气候变暖和人为工程活动的双重影响下，路基下多年冻土处于持续加速升温和退化状态。道路路基与下伏多年冻土之间通过热流传递过程产生相互作用，当前对冻土区沥青公路路基内传热特征的研究发现：在二级公路条件下，经路基底面进入冻土地基的热流密度从坡脚至路基中心总体呈增加趋势，路面下对应区域的热流占总热流量的主要组成部分，且在路基中心处达到最大值；随着路基高度的增加，路基底面的总热流量呈减小趋势；当路面半幅宽度由 5 m 增加到 9 m，路基中心区域的热流分布维持和延续原来的分布特征，热流量增加了约 0.6 倍，增加的部分主要集中在中心部位，且该区域内的热量难以向外侧扩散，从而形成“聚热效应”。

在青藏高速公路的修筑中，采用的路基形式存在选择性，研究对象与现有的冻土路基存在较大差异，主要表现在：（1）当选择整体式路基修筑时，路基顶面宽度为 26 m，而青藏公路按二级公路修筑，路基顶面宽度为 8.5～10 m。相比之下，高速公路整体式路基宽度约是青藏公路的 2.6～3 倍。(2) 当选择分离式路基修筑时，路基顶面宽度为 13 m，不仅宽度较青藏公路有所增加，且须考虑两幅路基之间的相互热影响作用，这些成为新的冻土工程问题。相比青藏公路，冻土高速公路内传热过程特征可能将进一步发生变化。面临青藏高速公路的全线修筑，且需满足更高的修筑标准，对高速公路冻土路基温度场变化特性及其产生的热影响作用进行更深入的研究尤为重要。

本章将借助有限元数值计算方法，模拟高速公路整体式、分离式两种路基类型在典型工况条件下的路基温度场，根据计算结果对高速公路路基内传热过程、地温响应过程、路基对周边冻土场地的热影响特征进行分析。

2.2　高速公路路基内传热过程研究

为研究多年冻土环境条件下高速公路路基内传热特性，模拟计算高速公路两种形式的路基内温度场，并由此分析路基内热流分布特征和地温变化过程。

2.2.1　数值计算模型

在对高速公路路基地温场的模拟计算中，在路基计算范围内建立控制方程和物理模型，并对不同地温多年冻土区设定温度边界条件。

2.2.1.1　控制方程

在冻土路基计算中，主要考虑土体的热传导和冰水相变过程，并认为冻土中的未冻水含量仅为温度的函数，且冻土热物理性质为各向同性。对路基横截面内温度场建立二维热传导微分方程：

$$\rho C\frac{\partial T}{\partial t}=\frac{\partial}{\partial x}\left(\lambda\frac{\partial T}{\partial x}\right)+\frac{\partial}{\partial y}\left(\lambda\frac{\partial T}{\partial y}\right) \tag{1}$$

在上式中，ρ 表示土体的密度，单位为 kg·m^{-3}；C 为土体的比热容，单位为 J·（kg·℃）$^{-1}$；λ 为土体的导热系数，单位为 J·（m·h·℃）$^{-1}$；T 表示温度（℃）；t 和 x、y 分别表示时间（h）和空间变量（m）。采用显热容法考虑相变过程，认为冻土剧烈相变温度区间为（T_b，T_p），冻土的视比热容、视导热系数按下式确定：

$$C=\begin{cases} C_u & (T>T_p) \\ C_f+\dfrac{C_u-C_f}{T_p-T_b}(T-T_b)+\dfrac{L}{1+W}\dfrac{\partial W_i}{\partial T} & (T_b\leqslant T\leqslant T_p) \\ C_f & (T<T_b) \end{cases} \tag{2}$$

$$\lambda=\begin{cases} \lambda_u & (T>T_p) \\ \lambda_f+\dfrac{\lambda_u-\lambda_f}{T_p-T_b}(T-T_b) & (T_b\leqslant T\leqslant T_p) \\ \lambda_f & (T<T_b) \end{cases} \tag{3}$$

上式中，下标 u、f 分别未冻结、冻结状态；W 和 W_i 分别表示冻土的总含水量和含冰量（%），其中不同温度时冻土的含冰量根据（徐学祖，2010）确定；L 为水的相变潜热，计算中取 334.56 kJ·kg^{-1}。

2.2.1.2 物理模型及土质参数

根据《公路工程技术标准》（JTG B01—2014），计算中高速公路拟采用四车道、速度为 120 km/h 设定，整体式路基顶面宽度为 26 m，分离式路基单幅顶面宽度为 13 m，边坡坡度设定为 1:1.5。计算物理模型如图 2-1 所示，计算区域两侧边界由路基坡脚向外延伸 30 m，计算深度为天然地表以下 30 m；由于后续分析目的的不同，路基高度和两幅路基坡脚间距的取值会随着发生变化。本内容以青藏高原北麓河试验段典型钻孔地层分布为地质背景，由于该试验段内高温和低温多年冻土均有分布，且土层中富含厚层地下冰，工程地质条件不良或极差。因此，从安全角度考虑，计算按该试验段内地层和含冰量分布状况设置，地表以下土层为：0～0.5 m，碎石亚砂土；0.5～2.0 m，砾砂；2.0～8.0 m，亚粘土；8.0～30.0 m，强风化泥岩，各土层的热物理参数如表 2-1 所示。

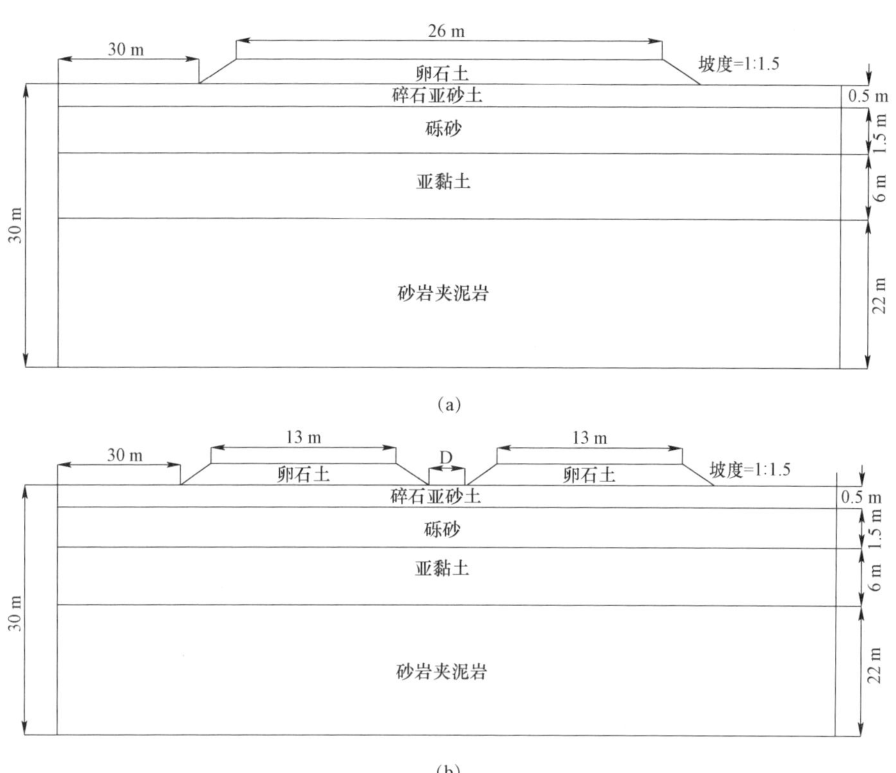

图 2-1　高速公路路基温度场计算物理模型

（a）整体式路基；（b）分离式路基

表 2-1　计算中各土层热物理参数

岩性	深度/m	干密度/（kg/m³）	含水量/%	导热系数/[J·(m·h·K)⁻¹]		比热容/[J·(kg·K)⁻¹]	
				冻土	融土	冻土	融土
卵石土	＞0	2 060	6	5 040	4 140	707	862
碎石亚砂土	−0.5～0	1 800	15	6 552	5 760	977	1 266
砂土	−2.0～−0.5	1 900	10	9 405	6 897	810	1 044
亚黏土	−8.0～−2.0	1 600	30	7 632	5 112	1 222	1 608
强风化泥岩	−30.0～−8.0	1 800	15	6 552	5 760	982	1 272

2.2.1.3 计算边界条件及初始条件设定

在数值计算中，根据青藏高原地区气温观测资料，计算区域的上边界温度条件按三角函数形式设定：

$$T = T_0 + \alpha t + A\sin\left(\frac{2\pi t}{8\ 760} + \frac{\pi}{2}\right) \tag{4}$$

式中，T_0 为附面层下垫面年平均地温，在计算中天然地表的年平均温度选取 −0.5 ℃、−1.0 ℃、−1.5 ℃、−2.0 ℃、−2.5 ℃分别代表从高温多年冻土区至低温多年冻土区的温度边界，其他上边界温度根据“附面层”原理按表 2-2 中进行取值。受路基走向的影响，路基走向由 0° 增加至 90° 时，路基两侧坡面年平均温差由约 4 ℃减小至约 0.4 ℃（丑亚玲，2007，青藏高原多年冻土区铁路路基阴阳坡表面温差的计算）。因此，当考虑路基阴阳坡效应影响时，路基两侧坡面年平均温度差分别取 1 ℃、2 ℃、3 ℃，即阴坡坡面温度按照表 2-2 中设定，阳坡坡面年平均温度分别较阴坡坡面高 1 ℃、2 ℃、3 ℃。α 为考虑青藏高原未来 50 年内气候升温，取 0.04 ℃/年。A 为上边界温度的年振幅，天然地表取 11.5 ℃，沥青路面取 14.5 ℃，路基坡面为 14 ℃。t 表示路基完成后的时间（h）；π/2 为计算初始相位，对应一年中温度最高时刻。

表 2-2 计算中上边界条件的年平均温度取值（℃）

天然地表	−0.5	−1.0	−1.5	−2.0	−2.5
路基坡面	1.0	0.5	0	−0.5	−1.0
沥青路面	3.5	3.0	2.5	2.0	1.5
年平均地温	−0.8	−1.4	−1.9	−2.3	−2.8

根据青藏高原北麓河气象站 60 m 深钻孔测温资料，天然地表以下 30 m 处地温梯度的平均值为 0.03 ℃/m，并以此作为计算区域下边界条件。由于计算区域宽度较大，两侧边界设定为绝热边界。

计算区域初始条件按式（4）中 $\alpha = 0$ 时计算天然场地温度场。根据青藏高原北麓河试验段实测温度边界和钻孔地温场分布状况，考虑 20 年气候升温因素影响，使计算地温场与实测值在各深度处基本一致，如图 2-2 所示。按此计算方法设定计算模型中天然场地初始温度场，而路基填土部分，土体初始温度取一年中天然地表最高温度。

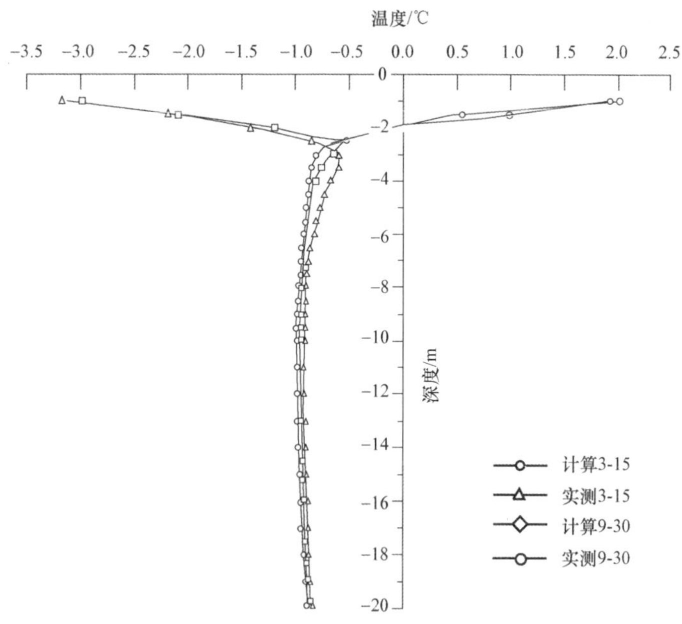

图 2-2　青藏高原北麓河试验段地区初始地温场验证对比曲线

2.2.2　路基内热流特征分析

为了研究冻土高速公路路基内热流特性，根据路基内热流传递途径，对路基的热量来源、路基底面和坡脚下的热流分布及路基与周边冻土场地之间热交换作用进行了研究。

2.2.2.1　路基内热流传递路径

在本部分计算中，当不考虑路基阴阳坡温度差异时，计算区域内温度场呈对称分布。如图 2-3 所示分别为地表年平均温度为 − 1.0 ℃冻土区、路基高度为 3 m 的高速公路整体式、分离式路基内第 5 年年平均热流矢量分布图。由图 2-3 可以看出，热量主要从顶面进入路基，经路基填土区域内发生热流分配，一部分热量从路基坡面的上半部分流出，其余主要部分经路基底面进入下部冻土地基；进入冻土地基的热量继续沿深度方向向下传递，另有部分热量经路基坡脚下流出进入周边冻土天然场地。除去路基顶面的热量，另有少量热量经坡面下半部分进入路基内部。因此，研究冻土路基内热流传递特征的关键位置主要包括路基顶面、坡面，路基底面，路基坡脚下沿深度方向的截面。

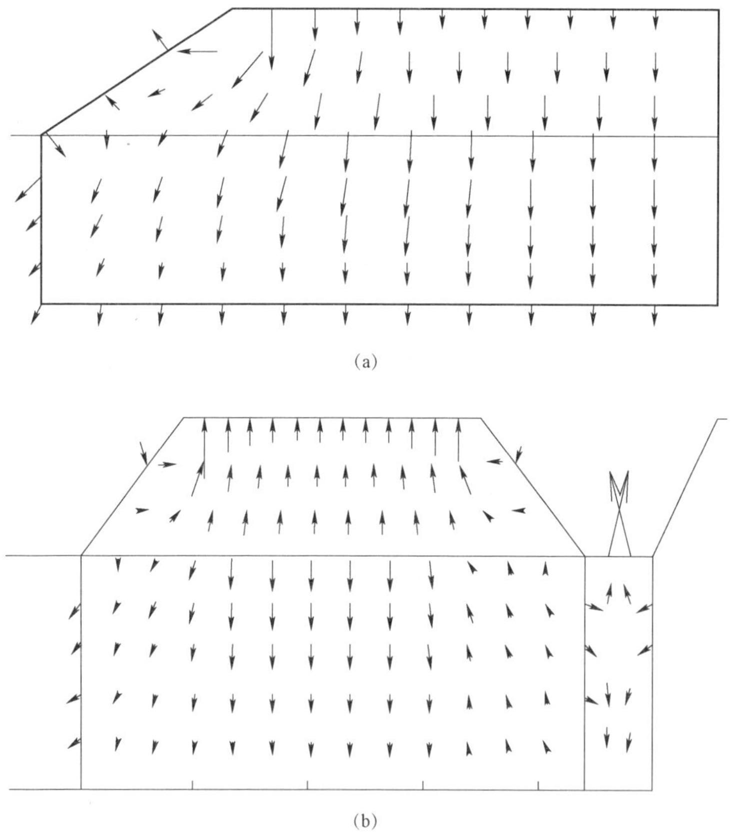

(a)

(b)

图 2-3　高速公路路基年平均热流矢量分布图

（a）整体式路基；（b）单幅分离式路基

2.2.2.2　路基热量来源分析

从图 2-3 可以看出热量来源包括路面和部分坡面吸热，因此，我们对半幅整体式、分离式路基的热量来源作为代表进行分析。如图 2-4 所示分别为垂直进入路基顶面和坡面的热流分布曲线，图中正值表示热流流出路基，负值表示热流流入路基，横坐标原点表示路基坡脚，路基高度为 3 m，所在冻土区地表年平均地温为 – 1.0 ℃。比较两种路基形式表面的热流分布曲线可以看出，整体式、分离式路基顶面和坡面上热流分布特征基本一致。在路基

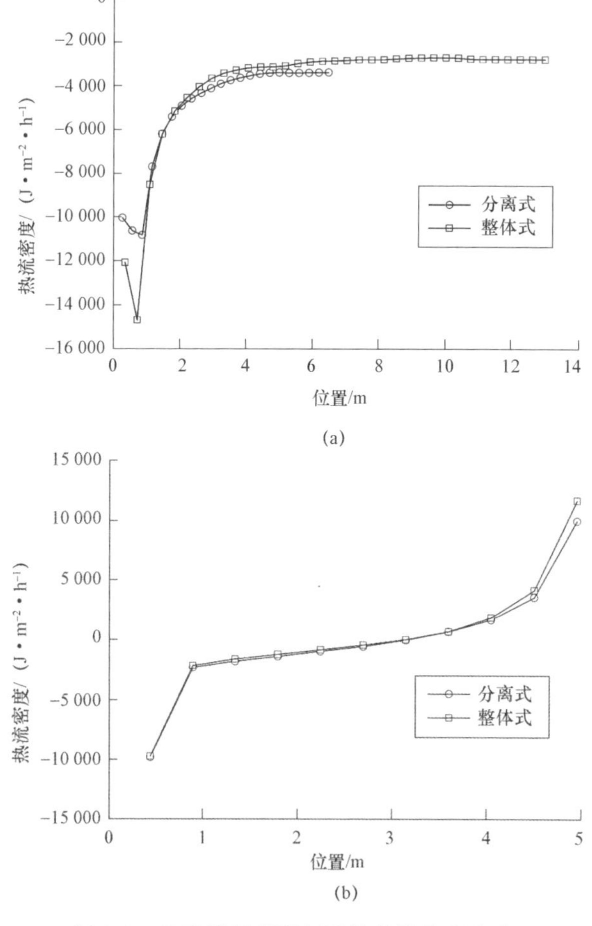

图 2-4　垂直路基表面年平均热流密度分布

（a）路基顶面；（b）路基坡面

顶面，随着宽度的增加，整体式路基相比分离式在路基中心区域热流分布呈延伸趋势。

对于冻土区高速公路两种形式的路基，路基顶面呈吸热状态，且热流分布比较均匀，仅在靠近路肩处热流密度明显增大，造成该热流密度变化的原因是路基路肩处的转角产生的几何结构突变，使得该局部区域内热流同时受路基顶面和坡面的影响。整体式、分离式路基顶面热流量约为 – 48 411 J • h^{-1}、– 30 948 J • h^{-1}。在路基坡面上，上半部分呈净放热状态，下半部分呈净吸热状态，该热流分布特征使得路基坡面整体净热流量值较小，整体式、分离式坡面热流量约为 543 J • h^{-1}、– 587 J • h^{-1}。相比之下，由坡面进入路基内的热量可以忽略，可只考虑由路基路面进入的热量。

2.2.2.3 路基底面热流特征

进入冻土路基的热量经路基底面进一步向下传递，进入下部冻土地基内。根据图 2-3 所示的热流矢量图可以看出，在路基底面上，坡面下对应的区域内热流呈倾斜方向向下传递，即同时存在水平向和垂向热流分量。为衡量进入下部冻土地基的净热流状况，我们以路基底面的垂向热流分量进行分析。图 2-5（a）所示为地表年平均温度为 – 1.0 ℃冻土区、路基高度为 3 m 的整体式、分离式路基底面以及天然场地表的年平均垂向热流密度分布，图中纵坐标负值表示热流方向向下进入地基，横坐标位置表示与坡脚的距离。由图 2-5（a）可以看出，整体式、分离式路基底面热流密度分布规律基本一致，其热流密度值较天然场地相同位置处吸热强度大幅度增加。在路基坡面下对应区域内，从坡脚至路肩热流总体呈减小趋势，在顶面下对应区域内，从路肩至路基中心热流呈逐渐增大趋势，并在路基中心位置达到最大值。造成该分布规律的原因在于：根据傅里叶定律，在坡面下对应区域，从坡脚至路肩，随着路基填土厚度的逐渐增加，从坡面至路基底面之间的热传递路径也逐渐增大，而坡面上的温度近似上呈均一分布，且路基填土的导热系数基本均匀分布，使该区域的热流密度呈减小趋势；在路基顶面下对应区域，热量在向下传递的过程中，一部分热量向路基坡脚方向流动并流出地基，如图 2-5（b）所示为路基底面年平均水平热流密度分布状况。图 2-5（b）中纵坐标正值表示热流指向路基外侧流出方向，横坐标位置表示与路基坡脚的距离。在路面下对应的区域（距坡脚位置 $X>4.5$ m），水平热流呈逐渐减小趋势，至路基中心减小至最小值。由此可以看出，在距路基中心较远的位置，热流流向路基坡脚的强度逐渐增大，从而减少了向下传递的热流分量；随着该散热趋势的强度在路基底面的变化，造成了顶面下对应区域内进入地基的垂向热流呈增大趋势。在路基坡面下对应区域内（距坡脚距离 $X<4.5$ m），从坡脚至路肩，路基底面的水平热流呈增大趋势。结合图 2-4（b）中所示垂向路基坡面的热流密度分布状况，在靠近坡脚处的下半部分坡面上，热流呈吸热状态，其水平热流分量指向路基中心，这将阻碍地基中的热流向坡脚处流动；从坡脚至路肩，垂直路基坡面的热流逐渐由吸热转变为放热，在靠近路肩处的上半部分坡面上，热流呈放热状态，其水平热流分量指向坡脚方向，这将有利于地基中的热流向坡脚处流动。因此，导致了坡面下的路基底面处水平热流密度呈图 2-5（b）中所示的增大趋势。

比较两种路基底面热流密度分布，整体式路基底面的热流密度分布规律与分离式路基底面的热流分布规律基本一致，在整体式路基中心区域，垂向热流密度进一步增加，而水平热流密度进一步减小。相比于分离式路基，由整体式路基向下部冻土地基传入的热量有所增加，且增加的部分主要集中在路基中心区域。在计算条件下，半幅整体式、分离式路基底面垂向热流量分别为 39.8 $kJ \cdot h^{-1}$、21.7 $kJ \cdot h^{-1}$，约增加了 83%。而整体式路基下水平热流密度的进一步减小，使得其相比分离式路基增大的热流量部分更难向外扩散，从而聚集在中心区域向下传递，形成“聚热效应”。整体式路基中心区域下的热流，平均热流密度值与分离式路基下该热流值基本相等，分别是 2.69 $kJ \cdot (m^2 \cdot h)^{-1}$、2.59 $kJ \cdot (m^2 \cdot h)^{-1}$，在由幅宽增加引起的“聚热效应”作用下，将对下部冻土产生更强的热扰动，且热扰动深度范围也将更大。

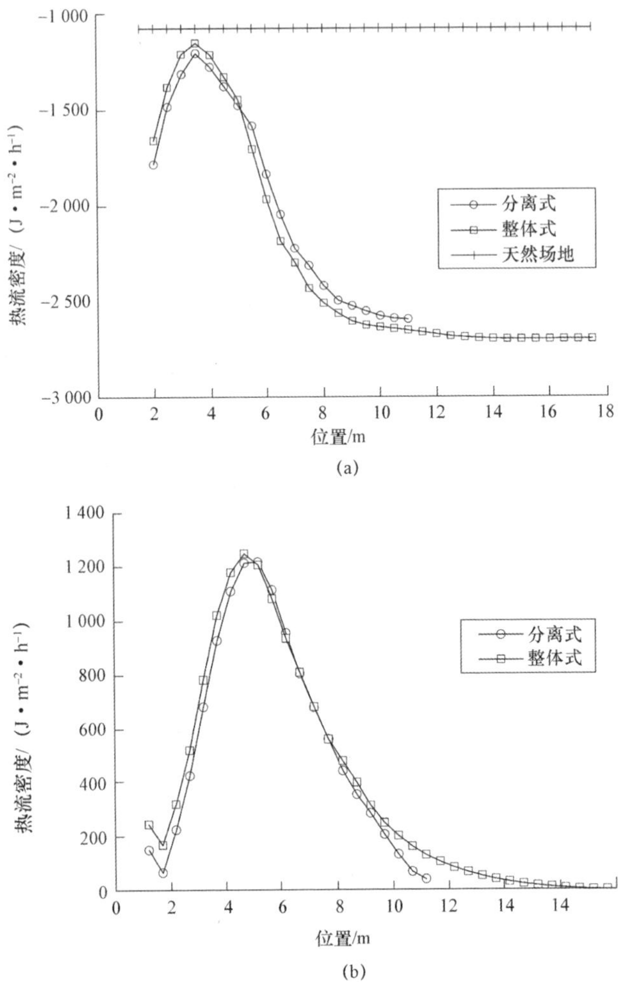

图 2-5 高速公路路基底面年平均热流密度分布曲线

（a）垂向热流；（b）水平热流

2.2.2.4 冻土地基与周边冻土的热交换过程

由图 2-3 所示的热流矢量图可以看出，冻土地基与两侧冻土场地的热交换作用主要发生在路基坡脚下，坡脚下的热流呈倾斜传递趋势，为衡量地基与周边冻土场地的热交换过程，我们对该热流的水平分量进行了研究。图 2-6 所示为地表年平均温度为 −1.0 ℃冻土区、路基高度为 3 m 的高速公路整体式、分离式路基坡脚下水平热流密度分布状况，正值表示热流流出地基、进入外侧冻土场地，纵坐标原点表示坡脚处，负值表示天然地表以下位置深度。

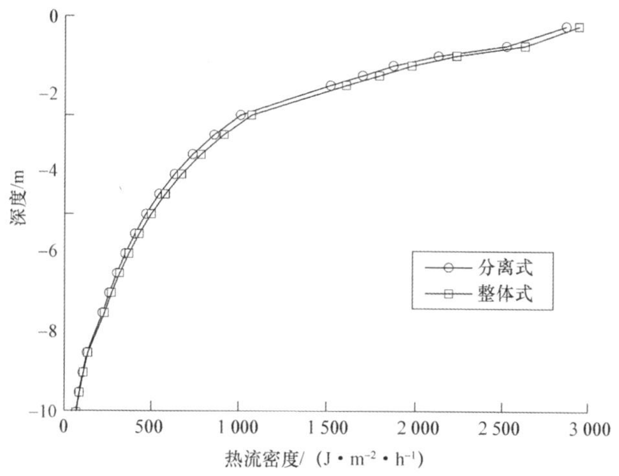

图 2-6　高速公路路基坡脚下年平均水平热流密度分布曲线

在路基坡脚下，热流密度随着深度的增加逐渐减小，流出的热量主要集中在路基坡脚下浅层内，其中，超过 80%的热量集中在 −4～0 m 深度范围。尽管整体式路基顶面宽度是分离式的两倍，传入下部地基的热流量约是分离式的 1.8 倍，但从坡脚下 10 m 深度范围内流出的热流量基本一致，分别为 7.5 kJ・h、7.1 kJ・h，两者仅相差 5%。可见，路基宽度的变化对坡脚下水平热流影响较小，几乎可以忽略不计。

2.2.2.5　两幅分离式路基之间相互热影响特征

对于分离式路基，当两幅路基距离较近时，它们之间的相互热影响作用是必须考虑的。图 2-7 所示为两幅路基坡脚间距为 1 m、地表年平均温度为 −1.0 ℃、路基高度为 3 m 的分离式路基两侧坡脚下水平热流密度分布状况。此处，以“内侧”表示靠近两幅分离式路基中心的区域，以“外侧”表示靠近路基范围以外周边冻土场地的区域。如图 2-7 所示，“内侧”代表路基与两幅路基之间场地连接处的坡脚，“外侧”代表路基与周边场地连接处的坡脚。比较两侧坡脚下水平热流分布可以看出，在路基内侧坡脚下各深度的热流密度明显小于外侧，内、外侧坡脚下 10 m 深度持力层范围内的热流量分别为 2.29 kJ • h^{-1}、7.88 kJ • h^{-1}，内侧坡脚下的热流量不到外侧的 1/3。在另一幅相邻路基的影响下，阻碍了冻土地基从路基内侧坡脚下向外散热，这使得热量在路基内侧半幅下聚集，且内半侧的热量将高于外半侧。

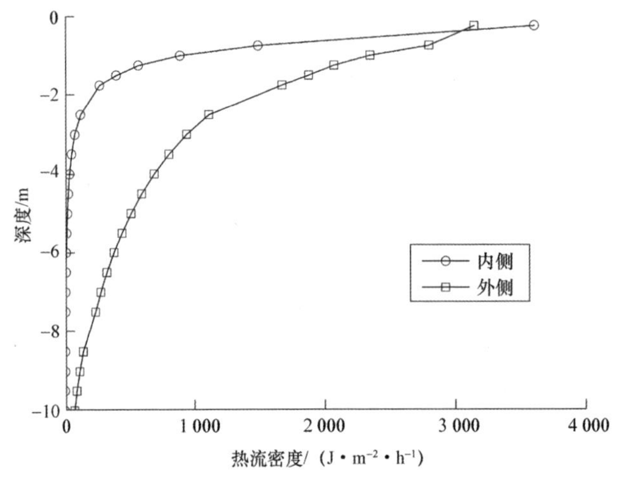

图 2-7　分离式路基两侧坡脚下年平均水平热流密度分布曲线

在另一幅分离式路基的阻热作用下，经路基填土向下冻土地基传递的热流状态也随之发生改变。图 2-8 所示为单幅分离式路基中心两半幅下底面上年平均垂向热流密度分布曲线，纵坐标负值表示热流方向向下流入下部地基，横坐标表示路基底面位置与坡脚处的距离，横坐标原点表示路基坡脚。从图 2-8 可以看出，路基底面热流密度呈不对称分布，在坡面下对应区域，内半侧小于外半侧，在顶面下对应区域，内半侧大于外半侧。由于另一幅路基的热阻作用使得热量在路基内侧半幅下聚集，导致了路基内侧坡面下地基在与外界环境热交换过程中有更多的热量流出，从而削弱了从该区域进入地基的热流强度，导致了内半侧热流密度小于外半侧。在顶面下对应区域，内半侧的水平热流密度小于外半侧，散热强度更小，如图 2-9 所示，从而使得路基内半侧的热流密度更多以垂直分量形式向下传递，造成了内半侧垂向热流密度大于外半侧的分布趋势。

由上述分析可知，两幅分离式路基之间的相互热影响作用主要表现在阻碍冻土地基内的热量向外传递，而阻碍作用随着路基间距的增加而减弱。图 2-10 所示为路基坡脚间距分别为 2 m、5 m、10 m 时两侧坡脚下水平热流密度分布对比状况。当路基坡脚间距由 1 m 增加到 2 m、5 m、10 m，路基外侧坡脚下水平热流分布基本一致，但内侧坡脚下水平热流呈增加趋势，内、外侧坡脚下水平热流量比值从 1:3.44 依次增加到 1:2.2、1:1.3、1:1.03，该比值将随着路基间距的进一步增加逐渐趋于 1。

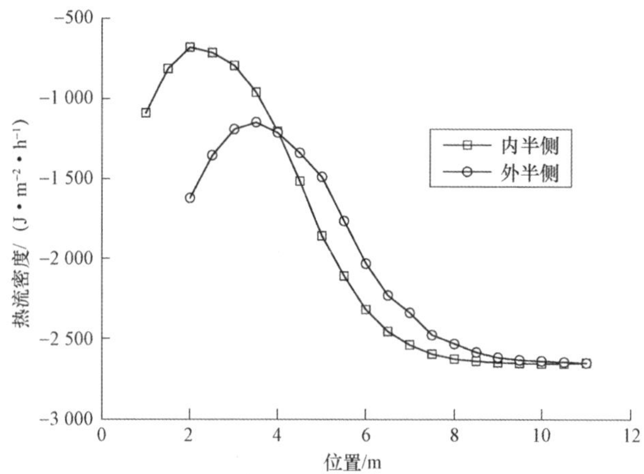

图 2-8　分离式路基底面年平均垂向热流密度分布曲线

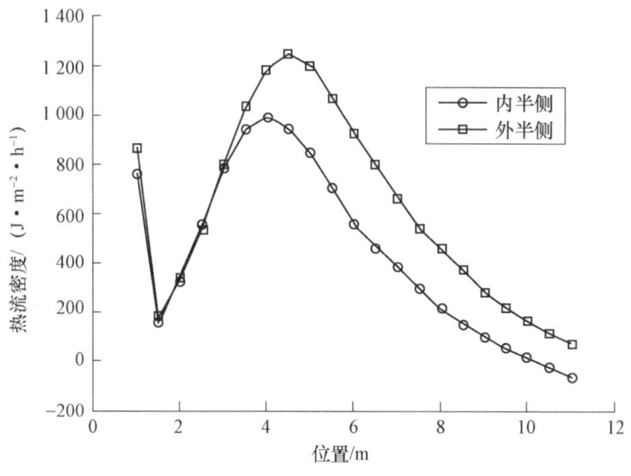

图 2-9　分离式路基底面年平均水平热流密度分布曲线

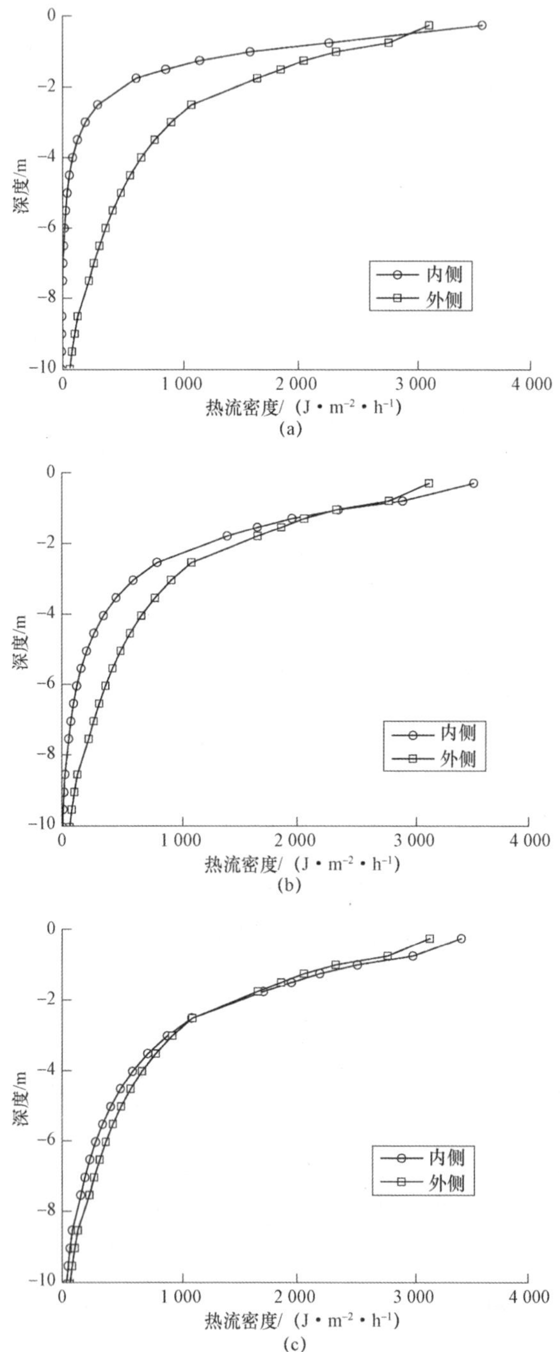

图 2-10　不同坡脚间距条件下路基坡脚下年平均水平热流密度分布

（a）间距=2 m；（b）间距=5 m；（c）间距=10 m

2.2.3 路基内热流特征受阴阳坡温度差异影响分析

现有关于多年冻土区路基阴阳坡效应的研究主要是针对普通二级公路和铁路路基开展的，但关于高速公路尺寸条件下路基的研究较少。图 2-11 所示为地表年平均温度为 –1.0 ℃、阴阳坡面不同温差、路基高度为 3 m 的条件下，整体式、分离式路基底面垂向年平均热流密度分布。从图 2-11 中可

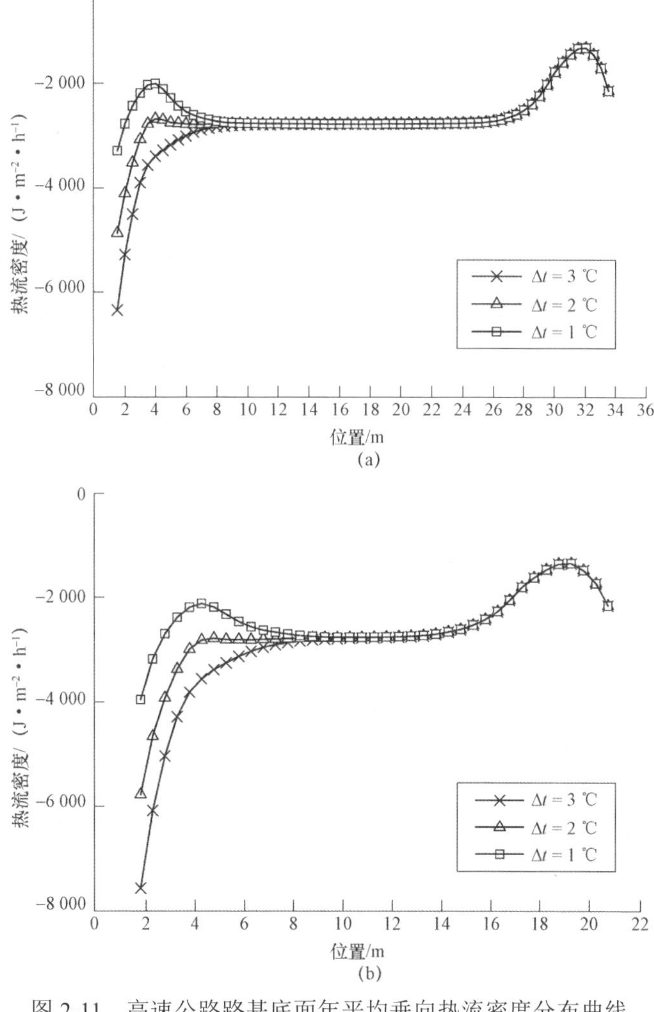

图 2-11　高速公路路基底面年平均垂向热流密度分布曲线

（a）整体式；（b）分离式

以看出，从路基两侧坡脚至路基中心，热流密度总体呈增大趋势，且在路面下区域热流密度基本呈平均分布状态，但在阴阳坡面温度差异的作用下，整个路基底面的热流呈不对称分布状态。

计算中，保持阴坡坡面温度不变，通过改变阳坡坡面温度调整路基两侧坡面温度差异。通过比较图 2-11 中不同工况下路基底面的热流分布，在两种路基结构条件下，路基阳坡坡面温度的变化，对路基底面热流分布的显著影响范围约在距阳坡坡脚 8 m 的范围内，在其他范围的热流密度分布基本一致。随着阳坡坡面温度的上升，路基底面距阳坡坡脚 8 m 范围内的吸热热流密度逐渐增大。当阴阳坡温度差异由 1 ℃增大到 3 ℃时，分离式路基底面距阳坡坡脚 8 m 范围内吸热热流量分别为 $-16.6\ \mathrm{kJ \cdot h^{-1}}$、$-20.8\ \mathrm{kJ \cdot h^{-1}}$、$-24.8\ \mathrm{kJ \cdot h^{-1}}$，每增大 1 ℃吸热热流量增加 $4 \sim 4.2\ \mathrm{kJ \cdot h^{-1}}$；同样，整体式路基底面阳坡坡脚 8 m 范围内吸热热流量分别为 $-15.8\ \mathrm{kJ \cdot h^{-1}}$、$-19.6\ \mathrm{kJ \cdot h^{-1}}$、$-23.2\ \mathrm{kJ \cdot h^{-1}}$，每增大 1 ℃吸热热流量增加 $3.6 \sim 3.8\ \mathrm{kJ \cdot h^{-1}}$。相比之下，阳坡坡面温度每升高 1 ℃，在分离式路基条件下，引起冻土地基局部区域的吸热热流量变化略大于整体式路基。由此可见，阴阳坡温度差异可能对分离式路基产生更显著的影响。

2.2.4 路基内地温响应特征

在多年冻土区，路基下多年冻土上限位置和多年冻土层温度的变化将直接影响路基产生的变形表现，很大程度上决定了路基的热稳定性发展趋势。因此，为了研究高速公路条件下路基内地温响应特征，我们重点对路基下冻土上限和下部冻土地基的温度场变化过程进行分析。

2.2.4.1 路基下冻土上限及地温变化特征

如图 2-12 所示为地表年平均温度为 -1.0 ℃、路基高度为 3 m 的高速公路整体式、分离式路基中心和天然场地下冻土上限变化曲线。在天然冻土场地，考虑气候变暖的影响，冻土上限随时间呈小幅度下降趋势。在高速公路整体式、分离式路基修筑完成后，路基下多年冻土呈加速退化趋势，在 30 年内，整体式路基中心下冻土上限下降了约 3.2 m，分离式路基中心下冻土上限下降了约 1.5 m，前者约是后者的 2.1 倍。但是，在路基建成后初期，冻土上限均呈小幅度上升趋势。为探究造成该冻土上限上升的原因，接下来对路基中心下热流密度分布状况进行分析。如图 2-13 所示为路基完成后次年路基中心下热流密度曲线，横坐标负值表示热流向下进入地基，正值表示热流流出地基，纵坐标原点表示路基中心下原天然地表位置。由图 2-13（a）可以看出，在 0～－2.0 m 深度范围内热流密度呈增加趋势，在－2.0 m 以下热流密度随深度减小，并逐渐转为正值。在计算条件下，原天然冻土深度约为－1.8 m，因此针对原天然冻土上限以上附近土层（－1.8～－1.5 m）内热流进行分析，如图 2-13（b）所示。经－1.5 m 位置进入该土层的热流密度约为 3.7 kJ·（m^2·h）$^{-1}$，经－1.8 m 位置流出该土层的热流密度约为 4.5 kJ·（m^2·h）$^{-1}$，该土层呈净散热状况。由于该土层位于原天然上限以上附近，土体初始地温接近 0 ℃，随着土层的散热过程，土体的温度进一步降低，并发生冻结，从而导致冻土上限上移。但是原天然上限以下的土层呈吸热状态，这使得其下部土体将持续升温。图 2-14 所示为路基中心下－5 m 处年平均地温变化曲线，在路基完成后 30 年内，整体式路基中心下冻土升温幅度约为 1.4 ℃，分离式路基中心下约为 0.95 ℃，前者约是后者的 1.5 倍。由此可见，路基下冻土上限上升是以消耗下层多年冻土层的“冷能”为代价。随着多年冻土地基继续吸热，地基中热量不断累积，冻土将再次发生融化，并伴随着冻土上限再次向下移动。相比分离式路基，整体式路基下冻土上限向下移动速度和土体升温速度更大，造成该地温特征变化差异的原因在于路基宽度增加引起整体式路基下产生了更显著的“聚热效应”。

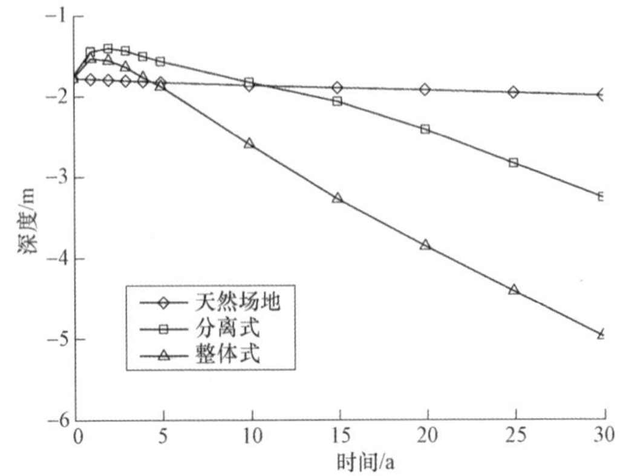

图 2-12　高速公路路基下冻土上限随时间变化

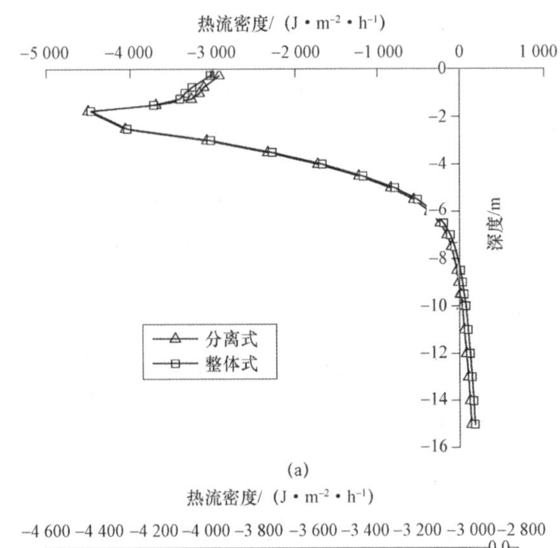

(a)

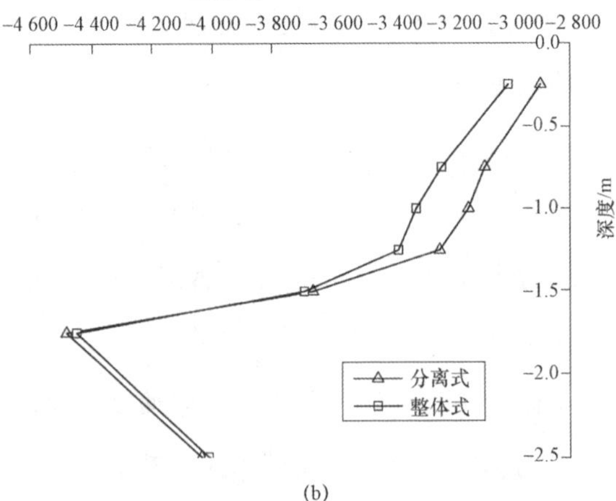

(b)

图 2-13　高速公路路基中心下年平均垂向热流密度随深度分布曲线（a）和浅层土中年平均垂向热流密度分布（b）

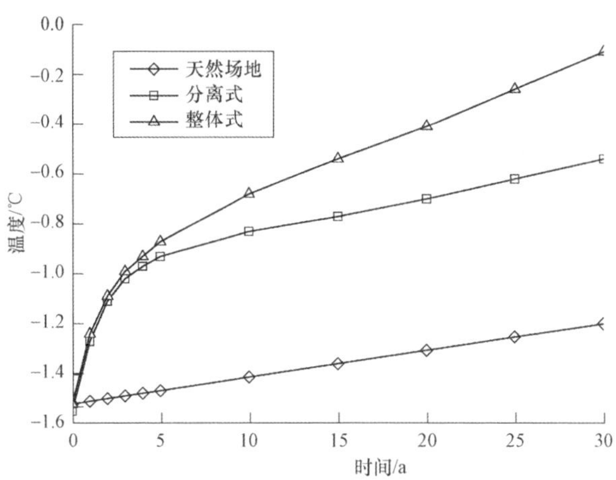

图 2-14　高速公路路基中心和天然场地下 –5 m 年最高温度随时间变化

2.2.4.2　路基下地温场分布特征

由图 2-5 可知，冻土路基向下部冻土地基传递的热流呈不均匀分布状态，在该热流作用下路基地温场将呈不均匀变化。如图 2-15 所示为高速公路完成后第 30 年 10 月 1 日地表年平均温度为 –1.0 ℃冻土区、路基高度为 3 m 的整体式半幅路基和半幅分离式路基下地温场分布。由图 2-15 可以看出，地温场的不平整分布表现在两方面：第一，从路肩至路基中心，0 ℃等温线呈逐渐增大趋势，并在路基中心达到最大深度；第二，从坡脚至路基中心，–1.0 ℃等温线呈逐渐增加趋势，并在路基中心达到最大值。结合 0 ℃和 –1.0 ℃等温线分布状况可知，从坡脚至路基中心，路基下高温冻土层厚度呈增加趋势，并在路基中心处达到最大值。由于在 –1～0 ℃温度范围内，冻土强度变化最为显著，而在低于 –1.0 ℃以下冻土强度基本稳定[5]。因此，此处可以合理将以 0 ℃和 –1.0 ℃等温线之间的土层作为高温冻土层。

比较整体式、分离式路基下地温特征，在第 30 年，整体式路基下最大融化深度差异约为 3.2 m，分离式路基下最大融化深度差异约为 1.5 m，前者约是后者的 2 倍；最大高温冻土层厚度，整体式路基中心下最大约为 9.5 m，分离式路基中心下最大约为 6.6 m，前者约是后者的 1.5 倍。在融化盘和高温冻土层的双重作用下，整体式路基产生的最大沉降变形相比分离式路基将相应地成倍增加。

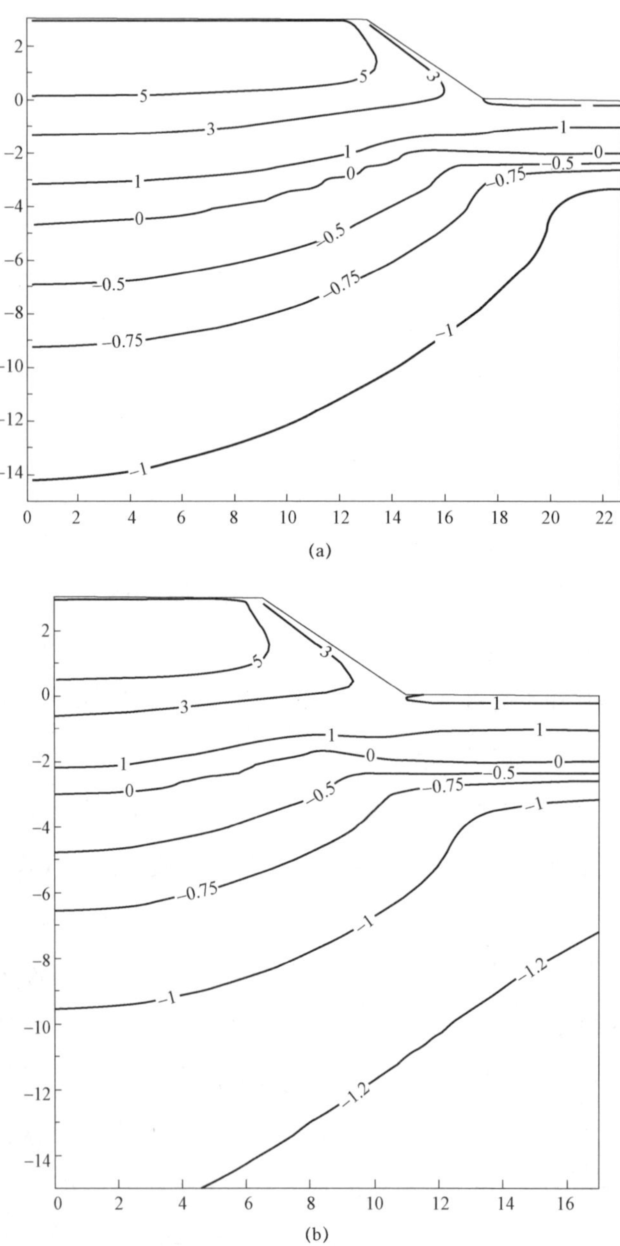

图 2-15　第 30 年 10 月 1 日高速公路路基地温场分布：
（a）整体式；（b）分离式

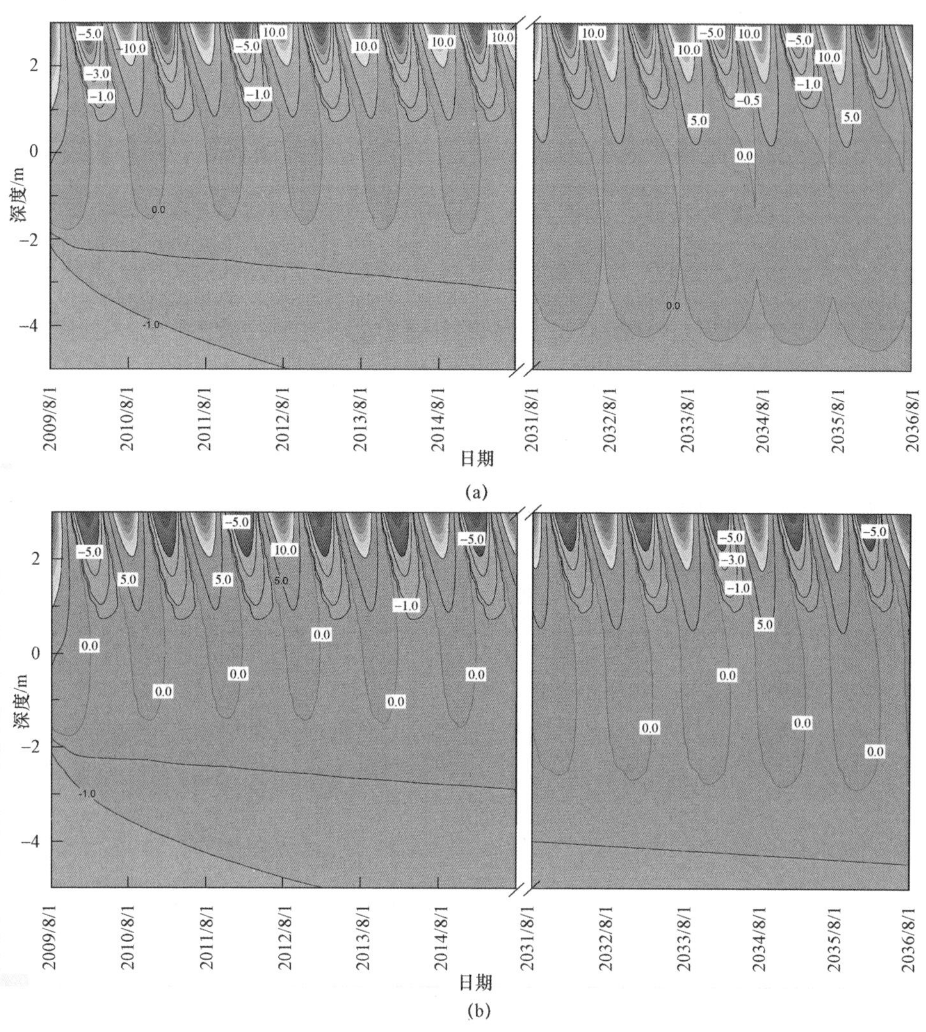

图 2-16 高速公路路基中心下地温变化过程

（a）整体式；（b）分离式

随着路基下冻土上限的下降，在路基中心下可能形成融化夹层。在该计算条件下，地表年平均温度为 – 1.0 ℃，相应年平均地温约为 – 1.4 ℃，高速公路整体式路基在路基完成后约第 25 年开始出现融化夹层，而分离式路基在 30 年内未出现融化夹层，如图 2-16 所示。随着路基下融化盘以及融化夹层的形成和发育，这将会引起和促进自由水在路基下的聚集，并加速下部多年冻土的退化，形成恶性循环。

2.2.4.3 分离式路基下地温场特征

为研究高速公路两幅分离式路基之间的相互热影响特征，取坡脚间距较小工况条件下的分离式路基温度场进行分析。如图 2-17 所示为地表年平均温度为 – 1.0 ℃冻土区、坡脚间距为 1 m 的单幅分离式路基下高速公路完成后第 30 年 10 月 1 日地温场，路基内侧半幅下融化深度、土体温度以及高温冻土层厚度均大于路基外侧半幅。尽管在计算中未考虑路基阴阳坡温度的影响，但路基地温场表现出类似的分布状况，路基可能因此而产生倾斜变形。随着两幅路基之间的距离增加，相互热影响也随之减弱，相应地，路基地温场的不对称性也减弱，如图 2-18 所示为坡脚间距增加至 2 m、5 m、10 m 的分离式路基下地温场分布状况，融化盘和高温冻土层逐渐趋于对称分布。

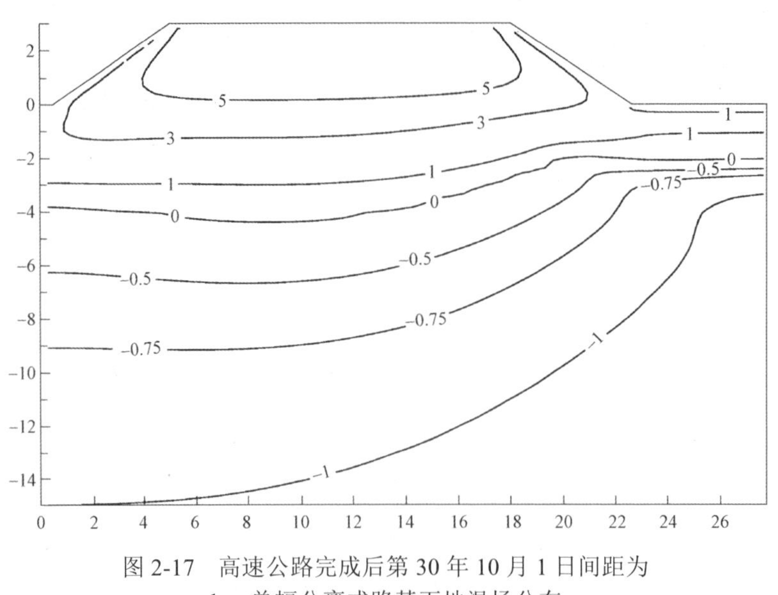

图 2-17 高速公路完成后第 30 年 10 月 1 日间距为 1 m 单幅分离式路基下地温场分布

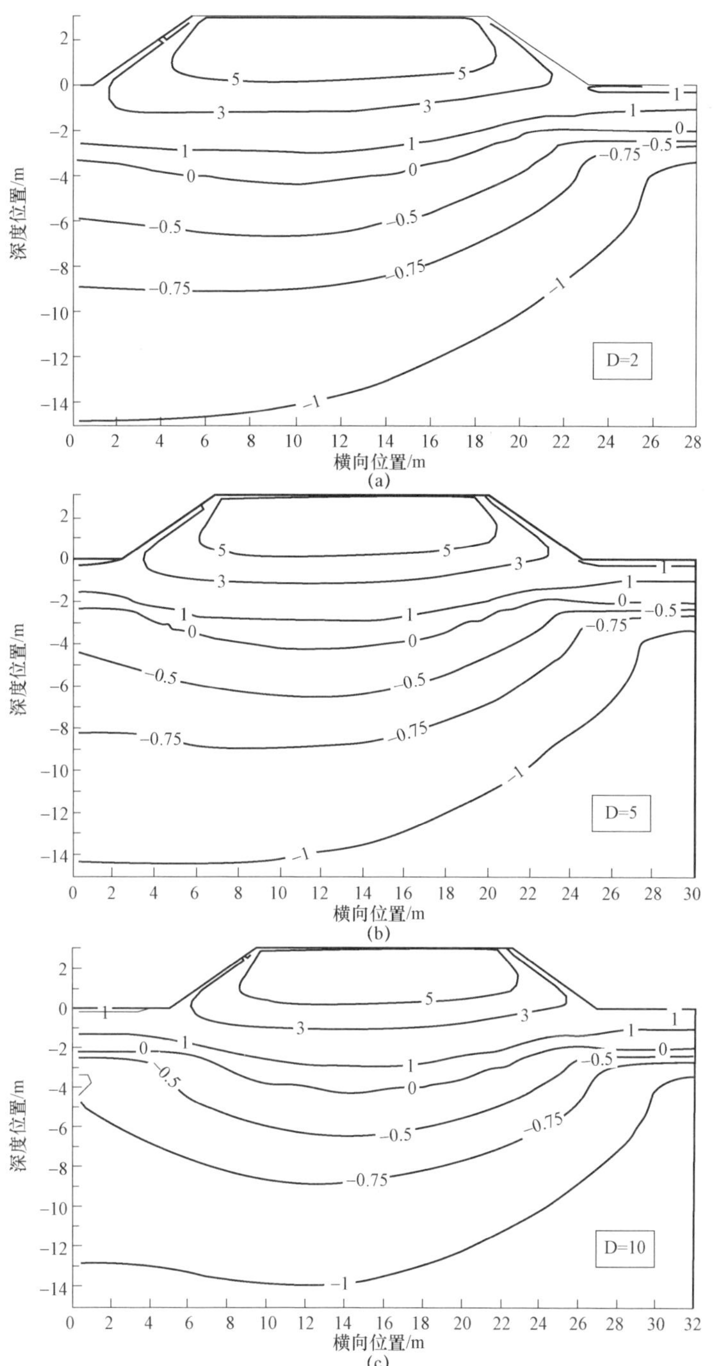

图 2-18　高速公路完成后第 30 年 10 月 1 日不同坡脚间距下地温场分布

（a）间距 D=2 m；（b）间距 D=5 m；（c）间距 D=10 m

2.2.4.4 阴阳坡面温度差异作用下路基温度场特征

如图 2-19 和图 2-20 所示为两种路基结构、不同阴阳坡温度差异条件下路基温度场分布。随着阳坡坡面温度差异发生变化，两种路基内温度场分布均表现出类似的递变变化规律。比较路基内温度场 0 ℃等温线可知，随着阴阳坡温度差异不断增大，0 ℃等温线最大深度不断增大，而且 0 ℃等温线最大深度出现的位置不断向阳坡侧偏移，类似的现象也出现在其他等温线上。在整体式路基内，阴阳坡温度差异由 1 ℃增加到 3 ℃时，0 ℃等温线最大深度由约 –4.9 m 增加到约 –5.4 m，最大深度横坐标位置由约 –2 m 逐渐偏移到 –12 m；同样地，在分离式路基内，阴阳坡温度差异由 1 ℃增加到 3 ℃时，0 ℃等温线最大深度由 –4.1 m 增加到 –4.9 m，最大深度位置由 –1.5 m 逐渐偏移到 –4.5 m。受路基阴阳坡面温度差异的影响，分离式路基下冻土上限变化幅度更大，但路基内地温场对称性变化在整体式路基条件下更为突出。相比之下，分离式路基受阴阳坡效应的影响更为显著。

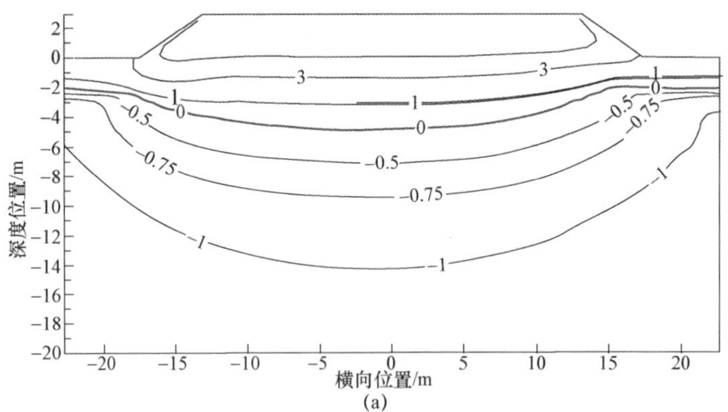

图 2-19 高速公路整体式路基第 30 年 10 月 1 日
不同阴阳坡温度差异Δt 条件下路基温度场分布
（a）Δt=1 ℃

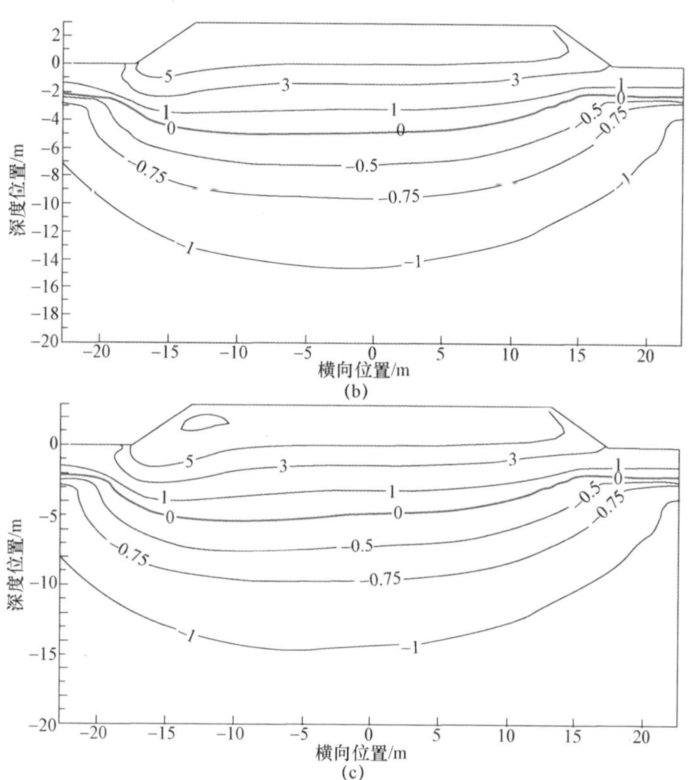

图 2-19　高速公路整体式路基第 30 年 10 月 1 日（续）
不同阴阳坡温度差异Δt 条件下路基温度场分布

（b）Δt=2 ℃；（c）Δt=3 ℃

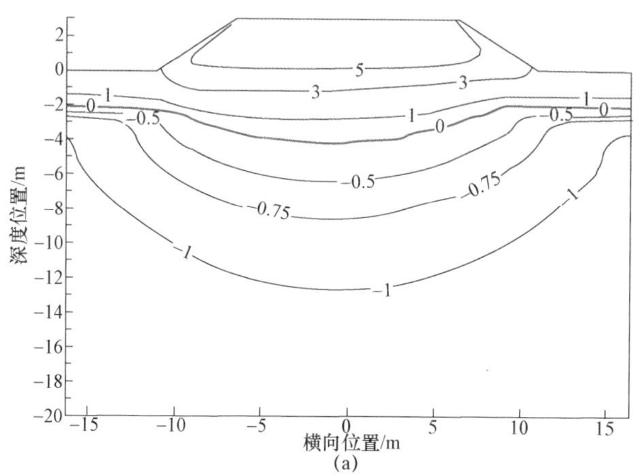

图 2-20　高速公路分离式路基第 30 年 10 月 1 日
不同阴阳坡温度差异Δt 条件下路基温度场分布

（a）Δt=1 ℃

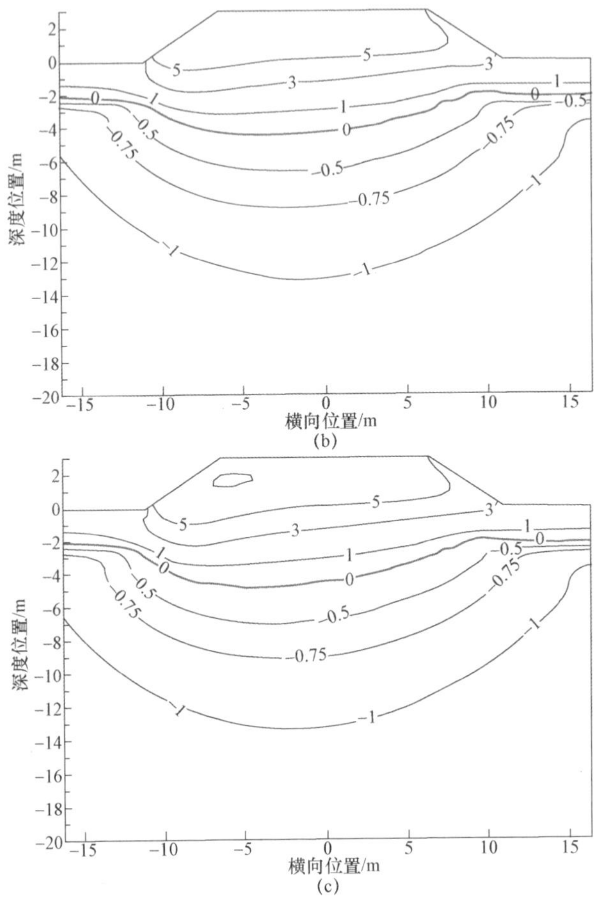

图 2-20 高速公路分离式路基第 30 年 10 月 1 日（续）
不同阴阳坡温度差异Δt 条件下路基温度场分布
（b）Δt=2 ℃；Δt=3 ℃

2.3 高速公路条件下冻土区温度划分标准探讨

2.3.1 高低温冻土区划分的工程意义

当前对高低温冻土区划分中，青藏公路划分温度界限为－1.5 ℃，青藏

铁路为 –1.0 ℃。在高温和低温冻土区内，冻土路基温度场和变形变化特征表现出较显著的差异。在路基温度场变化方面，受高、低温冻土区地温差异的影响，路基表现出的最明显的差异是：在低温冻土区，路基下季节活动层内冻结指数大于融化指数，且冬季的冻结深度大于夏季的融化深度，这将有利于多年冻土的形成和发育；在高温冻土区，路基下季节活动层内冻结指数小于融化指数，且冬季的冻结深度小于夏季的融化深度，这将导致在路基下多年冻土加速退化以及融化夹层的形成，地温响应主要表现为同时发生冻土上限下降和冻土升温。为维持冻土路基的稳定性，在低温冻土区采用抬高路基等被动措施即可，在而高温冻土区，采取被动措施难以满足路基稳定性要求。

在路基变形方面，多年冻土区的路基主要表现为沉降变形，但沉降变形量在高低温划分界限附近出现明显的转折点。青藏公路该转折点温度约为 –1.3～ –1.2 ℃，青藏铁路该转折点温度约为 –0.7～ –0.6 ℃。结合路基下地温变化，路基沉降变形机理存在根本差异，在低温冻土区，尽管路基变形来源包括融沉变形和高温冻土蠕变，但冻土温度较低，蠕变变形量较小，路基下融沉变形可通过抬高路基基本消除，维持路基稳定；而在高温冻土区，路基变形来源中，冻土融化引起的融沉变形和高温冻土压缩变形在量值上均表现得比较显著，而且路基融沉变形无法简单通过抬高路基等方法消除，无法确保路基稳定性。

由此可见，冻土路基高低温冻土区工程划分标准，能反映冻土路基内主要地温变化及变形来源，并因地制宜地采用有效的调控措施。青藏公路、青藏铁路沿线冻土高低温划分标准差异主要来源于路基结构不同引起的吸热、传热方式差异，而青藏高速公路相比青藏公路，路基的吸热强度成倍增加，传热方式进一步发生改变，高低温冻土区工程划分标准也将有所变化，这是本小部分主要讨论的内容。

2.3.2 高速公路高低温冻土划分界限

在对冻土路基合理路基高度的研究中发现，通过采用抬高路基等方式维持路基稳定性的前提条件是该地区冻土路基同时存在上、下临界高度，即年平均地温低于地温临界值，该临界值与高低温冻土划分界限具有一致的物理意义，此处通过讨论合理路基高度存在性的地温临界值来讨论划分界限值。

2.3.2.1 路基临界高度

根据路基临界高度的定义，下临界高度拟以高速公路完成 30 年内路基下冻土上限与原天然上限相比不下降进行判定，上临界高度以路基建成后次年冷季后路基内不残留融化夹层进行判别。如图 2-21 所示为高速公路完成第 30 年后不同年平均地温冻土区条件下的高速公路整体式路基下多年冻土上限增量随路基高度变化情况。此处，冻土上限增量表示第 30 年冻土上限深度与原天然上限深度差值，正值表示冻土上限相比原天然上限上移，负值表示冻土上限下降。

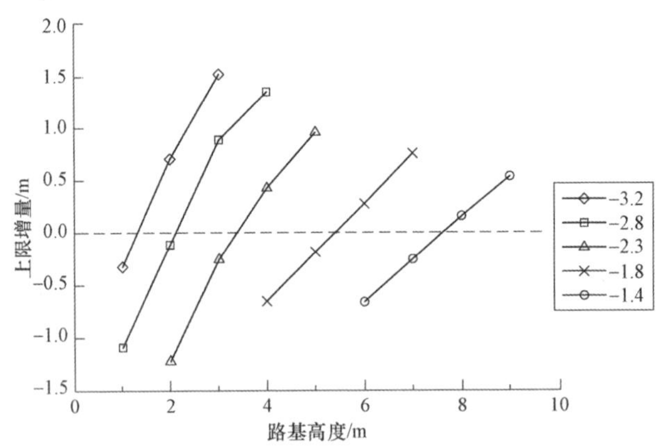

图 2-21 高速公路整体式路基中心下冻土上限增量随路基高度变化

如图 2-21 所示，在不同地温条件下，高速公路整体式路基下冻土上限深度均随路基高度增加呈增大趋势。根据路基下临界高度判别方式，各地温条件下冻土上限增量随路基高度变化曲线与横坐标轴的交点即为下临界路基高度值，如表 2-3 所示。

表 2-3　不同地温条件下路基下临界高度

地表年平均温度/℃	年平均地温/℃	整体式路基/m
−1	−1.4	7.7
−1.5	−1.9	5.4
−2	−2.3	3.5
−2.5	−2.8	2.2
−3	−3.2	1.3

如图 2-22 所示为高速公路路基内融化夹层厚度随路基高度变化曲线。由图 2-22 可以看出，随着路基高度的增加，路基内融化夹层逐渐形成，且厚度随高度逐渐增加。根据路基上临界高度判别方式，路基内融化夹层厚度变化曲线与横坐标轴的交点即为上临界路基高度值，如表 2-4 所示。

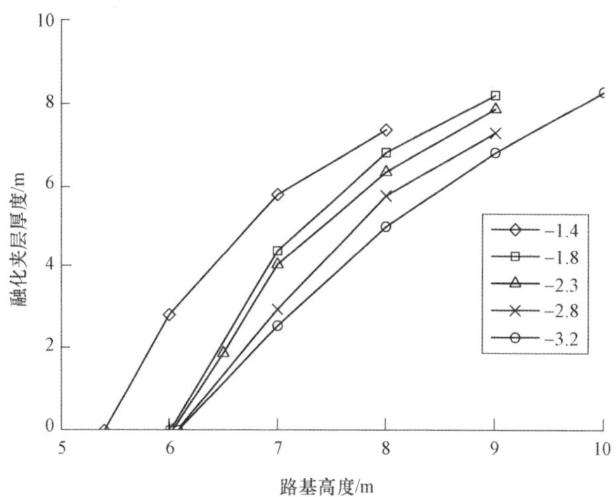

图 2-22　高速公路整体式路基内融化夹层厚度随路基高度变化

表 2-4　不同地温条件下路基上临界高度

地表年平均温度/℃	年平均地温/℃	整体式路基/m
−1	−1.4	5.2
−1.5	−1.9	6.0

续表

地表年平均温度/℃	年平均地温/℃	整体式路基/m
−2	−2.3	6.0
−2.5	−2.8	6.1
−3	−3.2	6.1

2.3.2.2　高速公路高低温冻土区划分界限探讨

冻土路基合理高度应介于上、下临界高度之间，其存在性与当地的冻土环境密切相关。根据表 2-3、表 2-4 所示数据，如图 2-23 所示为高速公路路基条件下上、下临界高度随地温变化曲线，曲线的交点对应的温度为存在合理路基高度临界地温值。如图 2-23 所示，在高速公路路基条件下，临界地温值为 −1.8 ℃。因此，在高速公路条件下，高低温冻土区温度划分界限可调整为 −1.8 ℃。

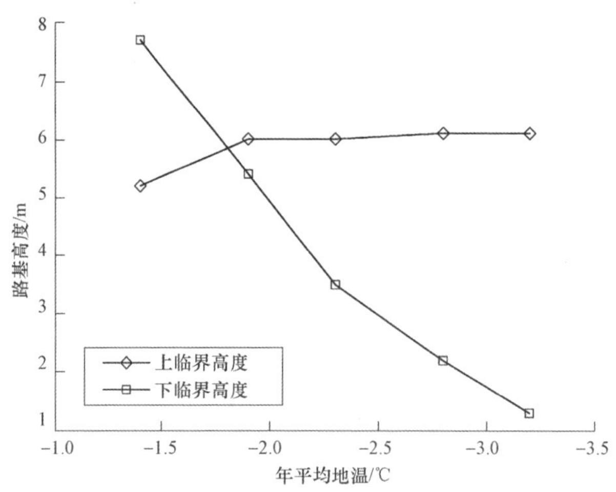

图 2-23　高速公路路基上、下临界高度随年平均地温变化

2.3.2.3　高速公路高低温冻土区温度界限的工程意义

根据前述对高速公路条件下高低温冻土区划分界限的讨论结果，可将年平均地温为 −1.8 ℃作为温度划分界限。在此，我们将进一步研究高速公路

在高于和低于 – 1.8 ℃的高温和低温冻土区条件下路基地温响应和变形特征。对于路基高度为 5 m 的高速公路，当处于高温冻土区时，路基高度属于非合理路基高度范围，当处于低温冻土区时，路基高度属于合理高度范围，因此对年平均地温分别为 – 1.4 ℃和 – 2.3 ℃的高温和低温冻土区、路基高度为 5 m 的高速公路进行分析。如图 2-24 所示分别为合理高度和非合理高度条件下高速公路路基中心下冻土上限变化曲线。由图 2-24 可以看出，在低温冻土区，当路基按照合理高度修筑时，冻土上限在设计使用年限 30 年内能相比原天然场地冻土上限位置保持不下降；但在高温冻土区，路基不存在合理高度，路基下冻土上限在设计使用年限内无法保持在原天然冻土上限以上位置。如图 2-25 所示为合理高度和非合理高度条件下高速公路路基中心下 – 5 m 处年最高温度变化曲线。从图 2-25 可以看出，在高温冻土区和低温冻土区，高速公路路基下冻土均处于升温过程。由此可见，在高温冻土区，高速公路路基变形来源于融沉变形和多年冻土蠕变，但在低温冻土区，高速公路路基变形仅来源于多年冻土蠕变。同样，即使按照合理路基高度修筑高速公路，路基仍然将持续发生沉降变形。为了达到高速公路更高的建筑标准，可能仍然需要对路基采用工程措施。

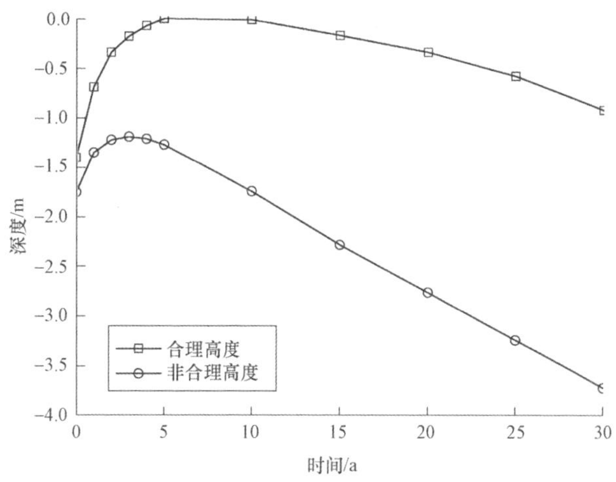

图 2-24　高速公路在合理高度和非合理高度条件下路基中心下冻土上限变化曲线

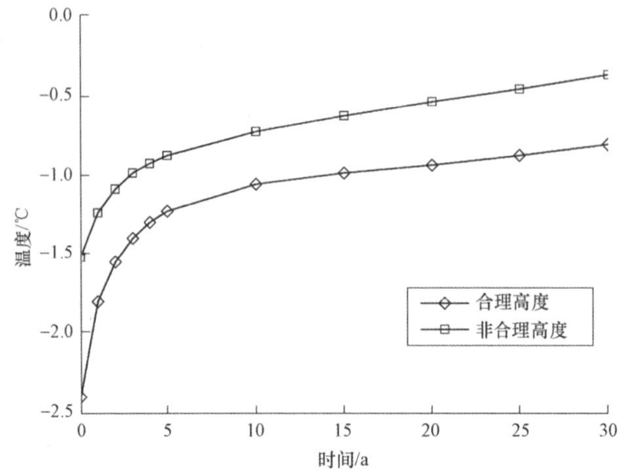

图 2-25　高速公路在合理高度和非合理高度条件下路基中心下 –5 m 处年最高温度变化曲线

2.4　高速公路路基对周边冻土热影响研究

在青藏工程走廊内，目前已修建多项重大工程，包括青藏公路、青藏铁路、青藏输电直流线路等线性工程。为避免或减小新修工程对现有工程稳定性的影响，在修筑青藏高速公路时，必须考虑新修路基对周边冻土场地产生的热影响特征，这是本小节的主要内容。

2.4.1　路基热影响过程分析

当前已有研究人员从温度角度讨论了冻土路基热影响范围，但缺少关于路基对周边场地的热影响过程的研究。从传热角度看，冻土路基对周边冻土场地的热影响体现在热量侵入和扰动，其来源于地基从坡脚下扩散出的热量，因此应对路基坡脚以外冻土场地的热流状况进行分析。在之前整体式、分离式路基坡脚下散热特征的分析中发现，路基宽度对坡脚下水平热流密度影响较小，两者的差异小于 5%。因此，此处以地表年平均地温 –1.0 ℃冻土区、路基高度为 3 m 的整体式路基作为代表性分析。

如图 2-26 所示为路基建成后第 5 年坡脚外不同距离处热流随深度分布状况，正值表示热流方向流出地基、流入周边冻土场地。当热量从路基坡脚下流出时，热流密度随深度呈单向递减分布趋势，最大热流密度值出现在地表附近位置；热量流出坡脚之后，各深度处的热流均呈减小趋势，其中以近地表土层内（约 –2.0～0 m）最为显著，使得热流密度随深度呈先增大后减小的分布趋势。如在距坡脚 0.75 m 处，热流密度极值出现在约 –0.75 m 深度处。随着热流的继续传递，热流密度极值的位置随着距离增加呈下降趋势，并最终稳定在 –5 m 深度处。计算地表以下 10 m 深度范围内水平热流量，如图 2-27 所示。冻土地基中的热量经路基坡脚下流出之后，随着传递距离的增加，热流量呈指数形式急剧衰减，至 12 m 处时，热流量不足从坡脚下流出的 1%。

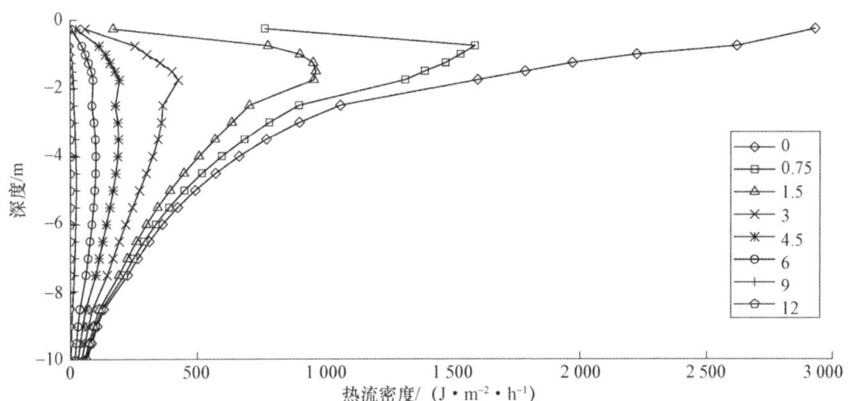

图 2-26　高速公路整体式路基坡脚外不同距离处年平均水平热流密度分布曲线

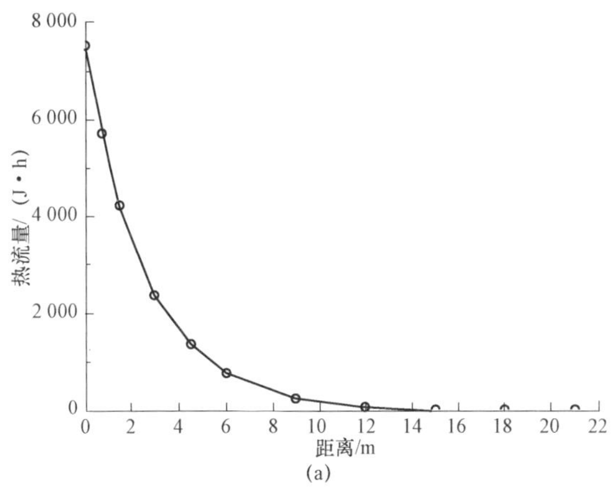

图 2-27　高速公路整体式路基坡脚外年平均水平热流量分布（a）及衰减比率（b）

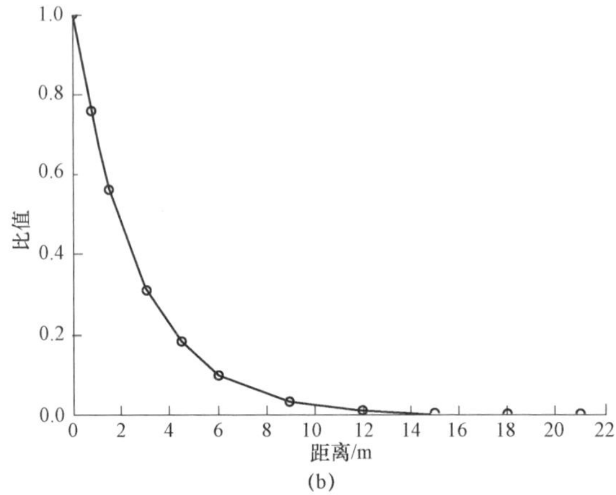

图 2-27　高速公路整体式路基坡脚外年平均水平热流量分布（a）及衰减比率（b）（续）

2.4.2　路基热影响范围判定及其影响因素分析

2.4.2.1　路基热影响范围判定

结合图 2-26、图 2-27 可以看出，冻土路基对周边场地的热影响随距离的增加而减小，且各深度处的水平热流密度值呈不均匀分布。为了衡量冻土场地受到的热影响作用强度，从安全角度考虑，取深度截面内最大水平热流密度作为该处的热影响强度，则热影响强度随距离分布曲线如图 2-28 所示。冻土路基对周边场地的热影响强度随距离增加也呈指数形式衰减，至 9 m 处，热影响强度衰减了约 99%。

对于冻土路基热影响范围，当前已有研究者采用 0.1 ℃或 0.05 ℃进行判定，该判定标准的选择具有较强的人为主观因素。为此，本部分将从物理意义上分析并确定热影响的判别标准。冻土路基的热影响作用对周边冻土场地产生的负面影响主要在于促进多年冻土融化和土层温度升高，从而加剧其他冻土工程产生沉降变形。其中，伴随着多年冻土融化和土层升温，土体中的未冻水含量将随之发生改变，且该变化在冰点附近最为剧烈。如图 2-26 所示，最大热流密度值主要出现在季节活动层及天然上限以下附近的高温高

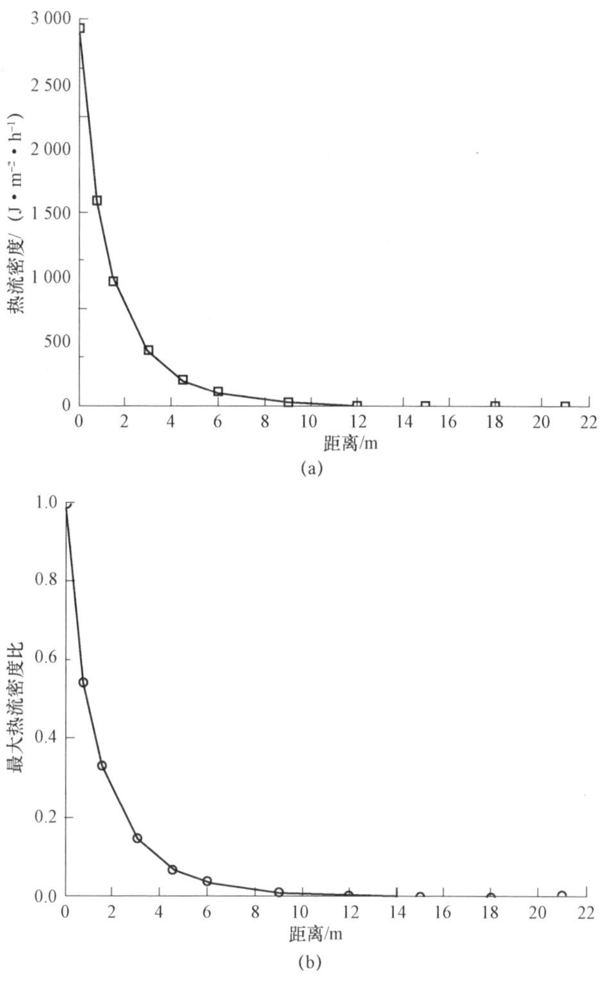

图 2-28　高速公路整体式路基对周边场地热影响强度分布（a）及衰减比率（b）

含冰量冻土层内，该深度范围内多年冻土地温较高。因此，从极端温度范围内（0 ℃附近）考虑，当热影响作用引起多年冻土层内未冻水含量变化幅度小于 1%时，即$\Delta W_u < W_0 \times 1\%$，$W_0$表示总含水（冰）量，则忽略该处的热影响作用。在本计算模型中，多年冻土层总含水（冰）量为 30%，在温度为－0.003～0 ℃，该冻土层内未冻水含量变化约为 0.3%。为避免路基热影响作用引起多年冻土层内未冻水含量发生较显著变化，将计算模型中的考虑因素控制在极端条件下，仅考虑升温作用，而不发生相变过程。因此，对极端条件

下单位体积内冻土热扰动强度敏感值进行计算，热平衡方程如下：

$$\Delta q \cdot t = C \cdot \rho_d \cdot (1+W_0) \cdot \Delta T \cdot \mathrm{d}v \tag{5}$$

式中，t 为计算中考虑的高速公路使用时间，设定为 30 年。ΔT 为冻土温度变化敏感值，计算中取 0.003 ℃；Δq 为图 2-28 中热流传递过程中在土体微元体内产生的热量，$\Delta q=\mathrm{d}q(x) \cdot \mathrm{d}A=[\mathrm{d}q(x)/\mathrm{d}x] \cdot \mathrm{d}v$，$\mathrm{d}v$ 土体微元体的体积，$q(x)$为图 2-28 中热影响强度曲线。对图 2-27 中热影响强度分布曲线进行拟合，q=2 935.8$e^{-0.507x}$，$R^2>0.99$。则$\Delta q=-0.507 \cdot q(x) \cdot \mathrm{d}v$。经计算，热流密度临界值为 0.075 J/（$m^2 \cdot h$），并以此作为路基热影响范围边界的判别标准。在地表年平均地温 –1.0 ℃冻土条件下，高 3 m 的整体式路基热影响范围为 20.8 m。

2.4.2.2 路基热影响范围影响因素分析

究其本质，路基对周边冻土场地的热影响过程实质为热量传递的过程，该过程主要受两方面的影响：热源处的热流强度和传热介质的热物理性质。进入冻土场地的热流主要受路基结构和冻土环境的影响，包括路基宽度、路基高度、冻土地温区。在给定的地质条件下，冻土的热物理性质主要受土体温度的影响，取决于所在的冻土地温区。因此，在研究中主要考虑路基宽度、路基高度和冻土地温区对路基热影响范围的影响。

在影响因素分析中，路基宽度主要考虑整体式、分离式路基的宽度，即 26 m 和 13 m；路基高度分别考虑 1 m、2 m、3 m、4 m、5 m 五个高度；从高温冻土区至低温冻土区，分别考虑地表年平均地温 –0.5 ℃、–1.0 ℃、–1.5 ℃、–2 ℃、–2.5 ℃五个温度环境。其中，对于路基宽度的影响，在本章第二节内“冻土地基与周边冻土的热交换过程”中对路基坡脚下水平热流密度对比分析中发现，整体式、分离式路基的幅宽变化引起的坡脚下热流变化仅为约 5%。结合图 2-28 中所示热影响强度衰减特征，引起水平热流从坡脚下流出衰减 5%的距离不足 0.1 m，这使得整体式、分离式路基的热影响范围差值较小，可忽略。

考虑路基高度对坡脚下水平热流状态的影响，如图 2-29 所示为在地表年平均地温 –1.0 ℃地温区不同高度条件下路基坡脚下水平热流状况，高度分别为 1 m、3 m、5 m 的路基从坡脚下扩散处的水平热流量比值为 1:0.68:0.66。当路基高度较高时，如图 2-27 所示，路基高度高于 3 m，坡脚下的水平热流状况随路基高度变化较小，路基高度从 3 m 增加到 5 m 时，坡脚下水平热流量变化幅度小于 3%，引起该衰减幅度的距离不足 0.05 m。因此，可忽略路基高度对路基热影响范围产生的影响。当路基高度较低时，如图 2-29 路基高度低于 3 m，坡脚下水平热流状况随路基高度变化较大，路基高度由 3 m 减小到 1 m 时，坡脚下水平热流量变化幅度超过 30%。如图 2-30 所示为路基高度为 1 m 的高速公路路基对周边冻土场地热影响状况，在坡脚附近小范围内（0～0.75 m）热影响强度衰减相比高度为 3 m 的路基较缓慢，而坡脚外大于 0.75 m 的范围内热影响强度衰减趋势与高度 3 m 的路基基本一致。同样以 0.075 J/（m^2 • h）为判别标准，高度为 1 m 的高速公路路基热影响范围约为 21.1 m，相比高度 3 m 的路基大约 0.3 m，差别较小。

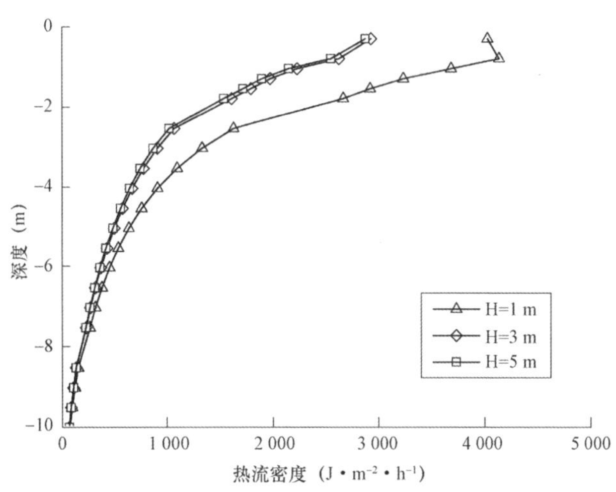

图 2-29　不同高度高速公路整体式路基坡脚下年平均水平热流密度分布曲线

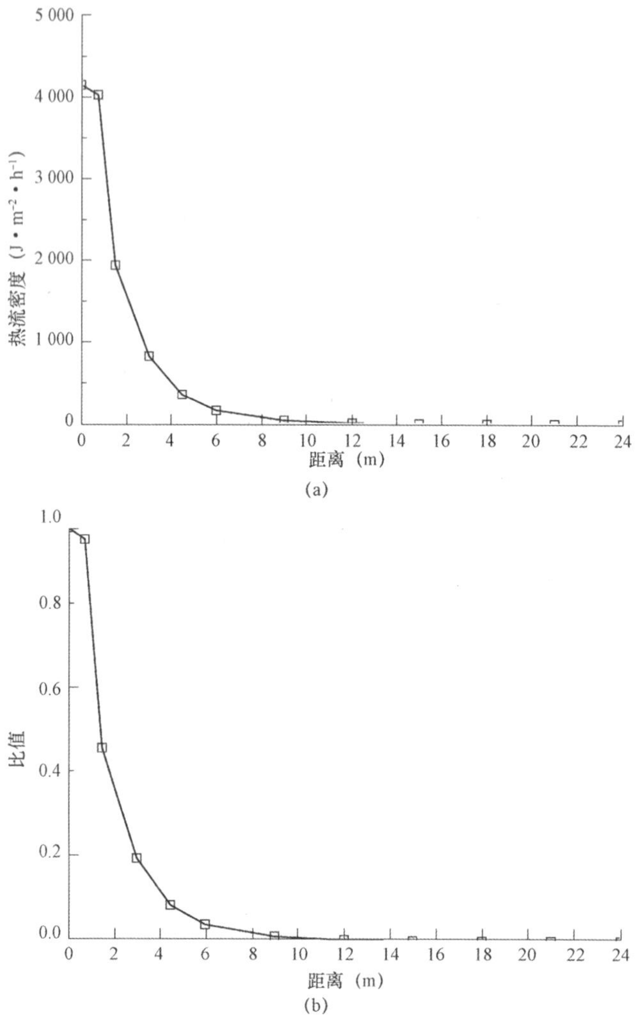

图 2-30　高速公路高度为 1 m 的路基热影响分布（a）及衰减比（b）

冻土地温区对路基热影响范围同时体现在热源和土体介质热物理性质两方面。随着冻土环境温度的改变，进入路基的热流量将发生变化。如图 2-31 所示为路基高度为 3 m 的高速公路整体式路基在不同地温条件下路基坡脚下水平热流状况。由图 2-31 可以看出，随着冻土区地表年平均温度的升高，路基坡脚下热流密度呈减小趋势。从路基表面温度边界看，进入路基的热量随着地表年平均地温的升高而增加，这与坡脚下热流变化趋势相反，造成该相反趋势的原因是：一方面，在高温冻土区，冻土地基的土体温度较高，在路基吸热作用下，多年冻土退化相比低温冻土区更为剧烈，该融化过程将消耗大量的相变热；另一方面，在高温冻土区，由于冻土地基的温度较高，土体的导热系数相比低温冻土区更低，这将在一定程度上阻碍热量传递。

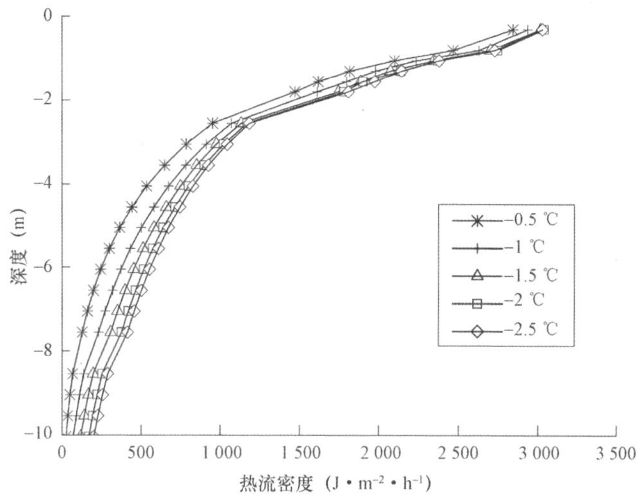

图 2-31　高速公路整体式路基坡脚下年平均水平热流密度曲线

当热流从路基坡脚下流出后，尽管在各地温区热影响强度衰减规律基本一致，如图 2-32 所示，但由于高温冻土区冻土温度更高，土体导热系数较低温冻土区小，这将阻碍热流传递，使得路基热影响强度衰减速度加快。在该

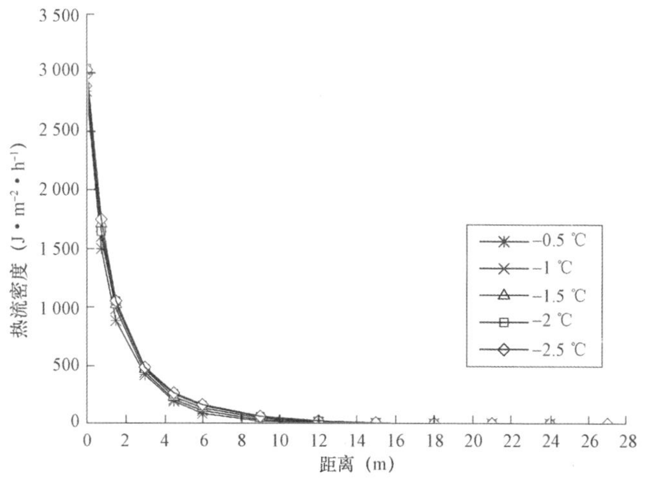

图 2-32　高速公路整体式路基热影响强度分布曲线

作用下，使得路基热影响范围随冻土区地温降低呈逐渐增大趋势，各工况条件下路基热影响范围如表 2-5、表 2-6 所示。相比路基高度、路基宽度，冻土环境对路基热影响范围的影响最为显著。因此，在实际工程中，可主要考虑冻土地温区来确定冻土路基的热影响范围，并据此确定与相邻工程的间距。

表 2-5　高速公路整体式路基热影响范围（m）

温度℃ / 高度 m	−0.5	−1.0	−1.5	−2.0	−2.5
1	20.1	21.1	23.3	24.8	25.9
2	19.7	21	23.6	24.8	25.8
3	19.2	20.8	23.4	24	25.6
4	19.7	21	23.6	24.5	25.7
5	19.5	20.9	23.4	24.6	25.6

表 2-6　高速公路分离式路基热影响范围（m）

温度℃ / 高度 m	−0.5	−1.0	−1.5	−2.0	−2.5
1	19.5	20.9	23.3	24.4	25.3
2	18.8	20.7	23.0	24.1	24.9
3	19.0	20.9	23.0	24.2	25.1
4	20	20.7	23.1	24.3	25.3
5	18.8	20.8	23.2	24.4	25.3

2.4.2.3　工程临界间距确定

根据冻土路基热影响范围，在规划和修筑青藏高速公路时，可以通过调整两幅分离式路基之间、青藏高速公路与其他工程之间的间距来避免各工程之间产生相互热影响。冻土路基对周边场地的热影响，既是热量传递的过程，也是热量耗散的过程，至热影响范围边界处，热流强度及在该处消耗的热量对多年冻土层产生的热扰动可以忽略。因此，单纯从路基热影响角度来看，在确定各工程之间的间距时，应尽量使得各自的热影响范围区域相互独立，互不干扰，即两相邻工程之间的临界间距应不小于两者的热影响范围之和。例如，当高速公路采用分离式路基修筑时，两分离式路基之间的临界间距等于单幅路基影响范围的 2 倍。

2.5　本章小结

本章研究了高速公路两种路基结构条件下冻土路基内传热过程，并探讨了高速公路条件下高低温冻土区温度划分标准及其对周边冻土场地的热影响特征，得出以下主要结论：

（1）当高速公路处于高温冻土环境条件下时，整体式路基下冻土地基的吸热热流量相比分离式路基增加了约 80%，增加的热流量主要集中在路基中心区域内。同时，在高速公路 30 年设计使用年限期间，整体式路基下多年冻土上限下降幅度约是分离式路基下的 2.1 倍，整体式路基下冻土升温幅度约是分离式的 1.5 倍。由此可见，在冻土区高速公路条件下，整体式路基相比分离式路基产生更显著的沉降变形。从传热学角度看，当不采用工程措施时，相比整体式路基，更适合采用分离式路基形式修筑高速公路。

（2）在高速公路条件下，高低温冻土区划分温度界限为 – 1.8 ℃，低于青藏铁路、青藏公路沿线的划分温度界限值。在高于 – 1.8 ℃的高温冻土区，在设计使用时间 30 年内，高速公路路基下多年冻土同时发生退化和升温；而在低于 – 1.8 ℃的低温冻土区，当采用合理路基高度修筑高速公路时，路基下多年冻土仅发生升温，但冻土上限相比初始状态不下降。根据高速公路路基温度响应特征，在高温冻土区，路基变形主要来源于融沉变形和高温冻土蠕变，在低温冻土区，路基变形主要来源于冻土蠕变。

（3）在青藏公路走廊内，新修高速公路对周边场地产生的热影响作用可能引起新的冻土工程问题。路基对周边冻土场地的热影响强度随距离的增加呈指数形式减弱，冻土环境是路基热影响范围的决定性因素。相邻工程之间的相互热影响作用使得路基内地温场呈不对称分布趋势。为削弱或消除工程之间的相互热影响作用，修筑时应使各工程的热影响范围相互独立。

第3章　冻土高速公路路基变形分析

3.1 引　言

在多年冻土区，道路工程的修筑加速了其下伏多年冻土退化的过程，同时，多年冻土的地温响应同样反作用于冻土路基。根据青藏公路、青藏铁路沿线路基变形监测显示，冻土路基变形以沉降为主。当前对于冻土路基沉降变形来源的研究认为，其主要包括多年冻土融化引起的沉降、冻土蠕变及冻融循环在季节活动层中引起的附加沉降。但在不同地温区域内，路基沉降变形幅度及其来源存在差异。在低温冻土区，路基沉降变形量较小，其主要来源于下部高温冻土层压缩、蠕变变形；在高温冻土区，路基沉降幅度明显增大，其主要来源包括多年冻土融沉变形、融化后压缩变形，以及高温冻土层压缩、蠕变。因此，在高温高含冰量冻土区，路基沉降变形尤为显著。冻土路基变形与路基内地温场变化息息相关，路基不仅会产生沉降变形，在不平整地温场作用下还将引起不均匀变形，其中，在青藏线出现最为普遍的是由“阴阳坡效应”引起的路基变形差异。

在青藏公路沿线的路基病害调查中发现，路基变形是路基产生工程病害的直接原因，将对路基稳定性和道路的安全运行产生隐患。冻土路基变形与其内部热状况息息相关，根据青藏高速公路试验路基实测地温显示，高速公路路基下多年冻土退化与升温速度约是相近冻土环境下青藏公路的 2 倍，该地温响应特征的不同可能使高速公路条件下路基变形特征产生差异。

面临青藏高速公路的全线修筑，其更高的技术标准对路基稳定性有更高的要求，因此对高速公路条件下路基变形的研究尤为重要。为研究冻土高速公路路基稳定性，在青藏高原北麓河地区修筑高速公路试验路基。本章基于中科院高速公路试验工程内无附加调控措施的对比路基段实测地温及变形数据，对高温-高含冰量多年冻土区高速公路路基变形特征进行研究。

3.2　高速公路试验工程场地及路基监测系统介绍

3.2.1　试验工程场地介绍

中国科学院青藏高速公路试验工程于 2009 年完成，该试验工程地处青藏高原北麓河盆地南部（34° 49’N，92° 55’E），属山前冲洪积高平原地貌，地势较平坦，地表植被较发育，覆盖率约为 70%～90%。试验场地海拔约 4 640 m，其路基指向拉萨方向的走向为 198° ，如图 3-1 所示。青藏高速公路试验路基根据《公路工程技术标准》（JTG B01—2014）进行修筑，路基高度为 3 m，顶面宽度为 13 m，包括 11.5 m 宽度的沥青路面和两侧 0.75 m 宽的土路肩，路基边坡坡度为 1:1.5。本章研究的对象为无附加措施的普通路基段。

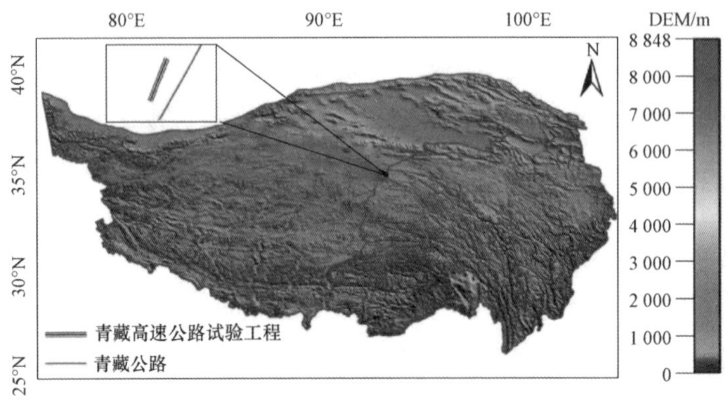

图 3-1　青藏高速公路试验工程与青藏公路位置图

根据试验场地内实测地温数据显示，该地区年平均地温约为 –1.0～ –0.5 ℃，冻土上限深度约为 2.0 m。在试验场地内，地下冰最大体积含冰量 v_i 超过 90%，并普遍分布着含土冰层（v_i＞50%）、饱冰冻土（30%＜v_i＜50%）和富冰冻土（20%＜v_i＜30%）。因此，该地区属于典型的高温-高含冰量多年冻土区。根据试验场地钻探资料，其下部各深度处主要地质特征如下。

砂土层：该土层主要位于地表以下约 0～0.5 m，主要为土黄色砂质土，潮湿，含水量约为 10%～15%。

亚砂土层：该土层主要位于地表以下约 0.5～5.0 m。其中，0.5～1.8 m 主要为棕黄色亚砂土，土体密实，潮湿，含水量约为 10%～15%；1.8～2.5 m 为棕黄色角砾质亚砂土，还有约 5%的砾石，从约 2 m 处开始出现冻土，体积含冰量约 80%～90%；2.5～5.0 m 土质类型仍然为砾质亚砂土，但土体内含冰量随深度逐渐减小，在 2.5～4.0 m 体积含冰量约为 60%～70%，在 4.0～5.0 m 约为 20%～30%。

亚黏土层：该土层主要位于地表以下约 5.0～7.0 m，呈棕黄色、棕红色，并夹杂少量砾石，土体内含冰量随深度呈减小趋势，体积含冰量约为 20%～40%。

泥岩层：大约在 7.0 m 深度以下开始出现泥岩层，呈深灰色、灰白色，强风化，质地较软，体积含冰量约为 15%～30%。

以上为试验场地 300 m 范围内主要的地层分布状况，但在对不同路段下地质钻孔勘察发现，土层、含冰量的分布在局部区域内存在一定的空间差异性。

3.2.2　路基监测系统

为了监测试验路基的地温和变形过程，在路基内布设监测系统，如图 3-2 所示。路基监测系统在天然场地、路基两侧坡脚、路肩以及路基中心下布设地温监测孔，其中天然场地地温监测孔位于路基坡脚外约 30 m 处。在地温监测孔中，天然地表以下 5 m 深度以上的温度探头间隔为 0.5 m，5 m 深度以下的温度探头间隔为 1.0 m。温度探头的精度为 0.05 ℃，采集数据时间间隔为 2 h。路基变形探头放置在路基顶面两侧路肩之间等间距的 5 个位置，路基变形数据每半个月采集一次。

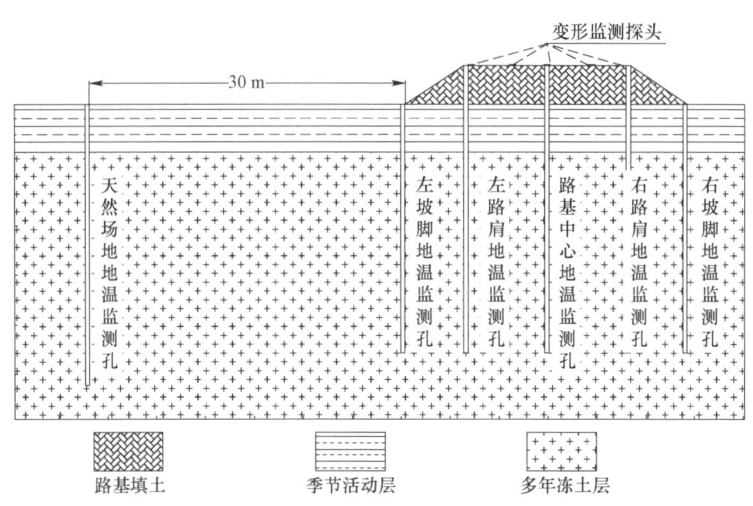

图 3-2　路基地温和变形监测系统布置

3.3 高速公路路基实测地温特征分析

3.3.1 路基下热流特征分析

在多年冻土区，路基内地温变化的根源在于外界大气与路基表面热交换状态。在第二章中对冻土路基内传热特征的研究发现，沥青公路路基内热量主要来源于路面吸热，冻土地基的热状态变化很大程度上取决于路堤与下伏多年冻土之间的热交换过程。因此，在试验路基条件下，重点关注路基顶面和冻土上限附近土层内热流特征。

为了研究青藏高速公路试验路基内传热特征，根据傅里叶导热定律（$q=-\lambda^{*}\mathrm{grad}t$），取路基中心表面下 0.2 m 和 0.7 m 处实测地温估算由路基顶面进入路基的热流，取路基中心下、原天然地表以下 3.5 m 和 4.0 m 深度处实测地温估算进入下伏多年冻土的热流。其中，根据现场地质钻孔状况，包括土质类型和含水量，计算得到各土层的导热系数，如表 3-1 所示。对于路基填土，一般采用卵石土、砾石等粗颗粒土，经过夯实，填土较密实，且内部含水量较低，现场控制在约低于 6%。同时，由于沥青路面具有较好的隔水特性，这将阻止外界降雨渗入路基内部，隔断外界水源补给，因此，可近似认为路基填土 0.2～0.7 m 深度土层内水分运动相对较弱，且土体导热系数基本恒定。在多年冻土层内，土体保持冻结状态，且发生的相变程度较弱，因此忽略冻土内未冻水变化，近似认为路堤下 3.5～4.0 m 深度范围冻土层内基本不发生水分重分布，且土体的导热系数不随含水量发生变化。

表 3-1 计算中土质实测热物理参数

土质类型	含水（冰）量/（%）	导热系数λ/（W·m^{-1}·℃$^{-1}$）	
		未冻结	冻结
路基填土	6	1.15	1.4
多年冻土	20	1.71	1.93

如图 3-3 所示为青藏高速公路试验路基穿过路基顶层和冻土上限附近土层的热流密度变化曲线，其中，热流密度正值表示热流方向向上，热量释放，负值表示热流密度向下，热量吸收。如图 3-3（a）所示，冻土路基顶面的热流状态随时间呈周期性变化，从 10 月初至次年 3 月中旬，高速公路呈放热状态，最大放热热流密度约为 5 $J \cdot m^{-2} \cdot s^{-1}$，放热期持续约 5.5 个月，而吸热期从 3 月中旬至 9 月末，最大吸热热流密度约为 12.5 $J \cdot m^{-2} \cdot s^{-1}$，约持续 6.5 个月。相比之下，冻土路基暖季吸热期稍长于冷季放热期，最大吸热热流约是最大放热热流的 2.5 倍。在该热流状况下，使得高速公路路基呈净吸热状态，2010—2012 年期间年热量收支如表 3-2 所示，路基的年吸热量约是年放热量的 4 倍。由图 3-3（b）可以看出，路基下多年冻土层呈持续吸热状态，热流密度随时间呈周期性波动，且热流变化总体呈逐年增加趋势，这将使得下伏多年冻土持续、加速升温。在青藏高速公路路基条件下，经路基中心顶面土层进入路基的年平均净吸热量约为 21.3×10^3 $kJ \cdot m^{-2}$，经冻土上限进入下伏多年冻土的年平均净吸热量约为 12.4×10^3 $kJ \cdot m^{-2}$，可见有约 40% 的净吸热量在季节活动层内消耗，该部分热量主要用于多年冻土融化及对季节活动层内土体加热，其中，用于冰水相变过程中的潜热占主要部分。

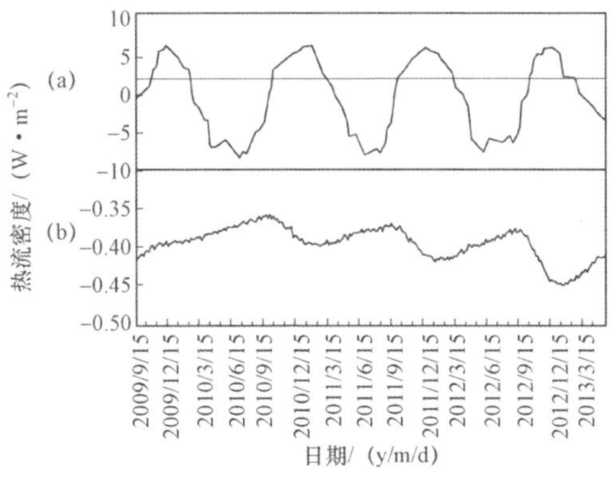

图 3-3　高速公路路基中心下垂向热流密度变化

（a）路基顶层；（b）冻土上限

表 3-2　高速公路路基内年热量收支状况（kJ・m^{-2}）

年份	路基顶面			多年冻土
	吸热量	放热量	净吸热量	吸热量
2010	32 117	8 149	23 968	12 074
2011	26 180	7 720	18 460	12 389
2012	27 720	6 022	21 698	12 845
均值	28 672	7 297	21 375	12 436

已有研究对青藏公路路基热流特征进行了分析，在青藏高原楚玛尔河地区青藏公路观测场地，年平均地温约为－0.8～－0.6 ℃，天然场地冻土上限最大深度约为 3.5 m，冻土类型主要为饱冰冻土；青藏公路路基高度为 2.1 m，路基顶面宽度为 8.5 m，其中包括 7 m 宽沥青路面和两侧 0.75 m 宽土路肩。该试验场地冻土环境地温略高于青藏高速公路北麓河试验场地，而两者路基的最大区别在于路基宽度差异。对于青藏公路，经路基顶面进入的年平均热量净收支约为 18 425 kJ・m^{-2}，进入下伏多年冻土的热量净收支约为 4 508 kJ・m^{-2}。与青藏公路相比，高速公路路基顶面吸热量基本一致，约相差 15%，但是，在路基中心处向下伏多年冻土传入的热量收支差异较明显，约是青藏公路的 2.8 倍。造成该显著差异的原因在于：高速公路路基宽度相比青藏公路有所增加，这增加了冻土地基中心区域的热量与周边冻土场地热交换的热阻，使得路基中心下的热量难以向外扩散，从而在路基中心区域集中，这也从实测数据验证了“聚热效应”的存在。该热量收支状况，将使得高速公路对下伏多年冻土造成更剧烈的热扰动作用，且热扰动作用范围将更大。

3.3.2　路基地温变化过程分析

与外界大气之间的热交换过程对冻土路基产生最直接的影响在于其内部地温变化，这也是引起冻土路基产生变形的决定性因素。如图 3-4 所示为 2009—2016 年期间青藏高速公路试验路基不同位置下地基地温变化过程。路基下各处地基呈暖季融化、冷季冻结周期性变化，但地温特征存在一定差异，该差异主要表现在冻土上限深度和多年冻土地温变化。对于冻土上限深度变化，在阴坡路肩下，各年最大融化深度基本保持不变，呈小幅度波动，但是，在路基中心和阳坡路肩下最大融化深度呈逐年下降趋势，下降速度约为 0.35 m/a。冻土路基各处下伏多年冻土均呈持续升温状态，但路基中心和阳坡路肩下的升温速度较路基阴坡路肩下更快，以 –0.5 ℃等温线进行比较，前两者的升温速率约是后者的 1.5 倍。

对于路基下季节活动层，虽然路基下各处均呈周期性冻融过程，但在冻结期内地温特征也存在较显著的差异。在路基中心和阳坡路肩下，季节活动层在冻结期内的地温明显高于在阴坡路肩下，前者温度主要处于 –0.1 ℃附近，且呈逐年升温趋势。在该趋势下，在偏向路基阳坡侧的区域将比路基阴坡侧区域更早地出现融化夹层，这也将加剧路基的不稳定性。

由图 3-4 可以看出，在高速公路路基下，多年冻土普遍存在持续融化现象，然而每年多年冻土发生融化的厚度却并不相等。如图 3-5 所示为路基阳坡路肩下最大融化深度和多年冻土各年融化厚度状况，在 2012 年之前，多年冻土年融化厚度呈递减趋势，2012 年之后多年冻土年融化厚度呈递增趋势。造成该变化的原因可能来自于路基的热源和地下冰分布：由表 3-2 可以看出，各年路基的净吸热量和进入下伏多年冻土的热量均近似恒定，那么每年用于多年冻土融化的热量可认为基本相等，因此可合理认为热源对该融化趋势的影响较小。在多年冻土层中，当含冰量较大时，将需要更多的热量将冻土融化，这也将导致该年内冻土融化厚度减小；反之，冻土年融化厚度将增大。结合图 3-5 中所示融化深度和当地的含冰量分布状况，可见，多年冻土中地下冰的空间分布是决定该融化趋势的主要原因。

在青藏公路清水河试验段，年平均地温约为 –0.9～ –0.6 ℃，天然冻土上限深度约为 2.5 m，属高温-高含冰量冻土区；路基顶面宽度为 10 m，包括 7 m 宽的沥青路面和两侧 1.5 m 的土路肩。该试验场地冻土环境与北麓河高速公路试验场地基本一致，因此将两处路基进行对比。已有实测数据表明，

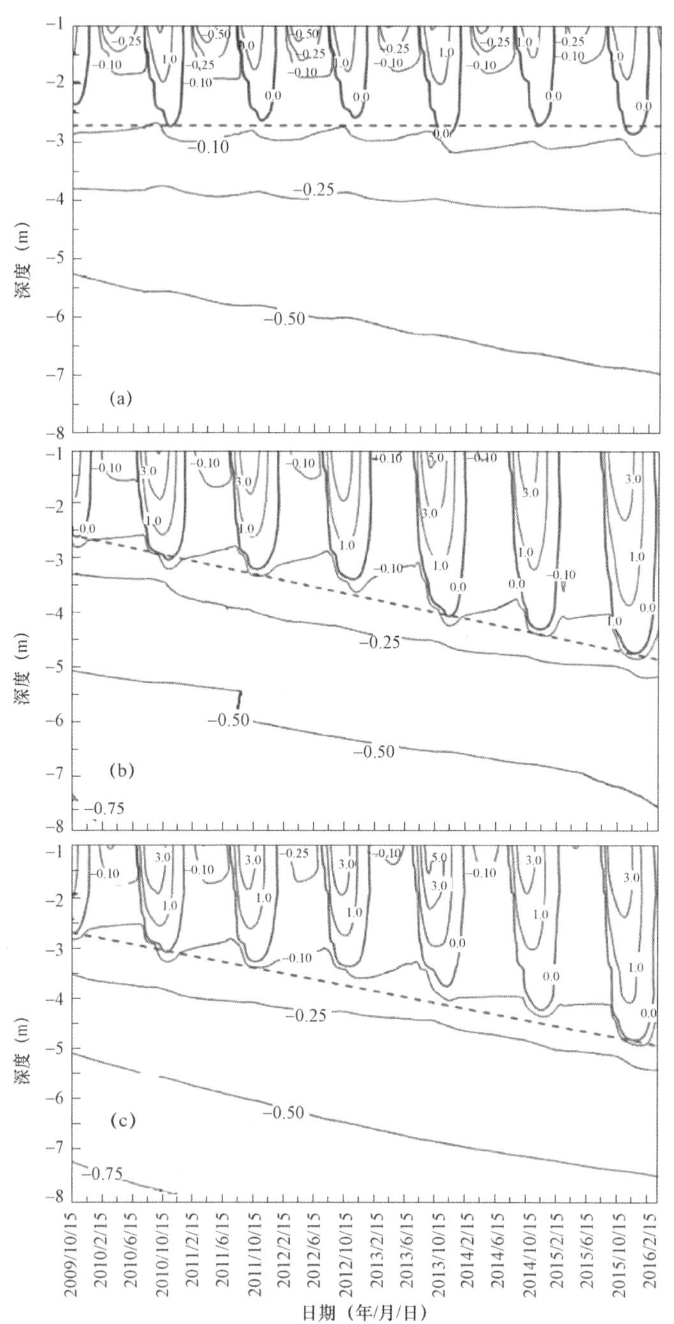

图 3-4 高速公路路基下不同位置下地温变化

（a）阴坡路肩；（b）路基中心；（c）阳坡路肩

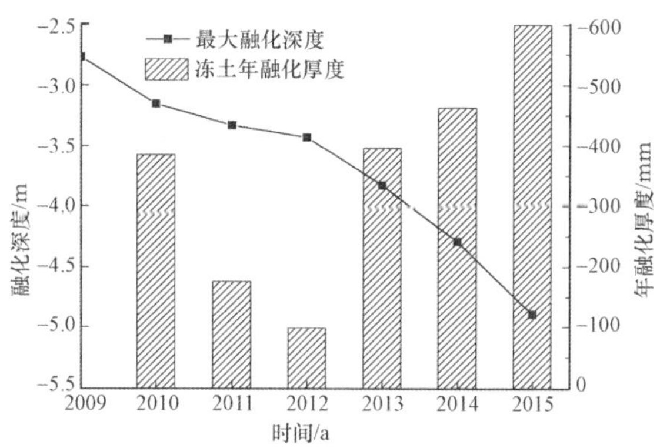

图 3-5　高速公路路基阳坡路肩下最大融化深度及多年冻土年融化厚度

高速公路路基下伏多年冻土退化和升温速度约是青藏公路条件下的 2 倍。造成该地温变化差异的根本原因在于路基宽度的增加，在路基中心区域引起“聚热效应”，从而加速下伏多年冻土升温和融化，该路基地温变化特征将直接导致路基产生更显著的沉降变形。

3.3.3　阴阳坡温度差异对路基地温影响分析

根据冻土高速公路路基内实测地温变化过程可以看出，路基内地温特征从路基阳坡至阴坡呈现出一定的递变规律。青藏高速公路试验路基指向拉萨方向的走向为 198°，这将使得路基两侧坡面温度产生差异。根据试验路基两侧坡面上地温实测数据，如图 3-6 所示，在暖季期间的温度差异较小，但在冷季期间，阳坡坡面的温度明显高出阴坡坡面温度，最大温度差异约 6 ℃，该坡面温度差异是导致路基内地温变化呈递变规律的根本原因。对两侧坡面温度进行拟合，阳坡坡面年平均温度约为 3.3 ℃，阴坡坡面年平均温度约为 0.3 ℃。在路基阴阳坡温度差作用下，路基内地温场将呈不对称分布状态，图 3-7 所示为 2015 年 10 月 1 日路基内地温场，地温场对称轴约向阳坡侧偏移了 2 m，如图 3-7 中虚线，路基下冻土上限深度最大差异近 3 m，该融化深度差异将直接引起路基在横向内产生差异变形，并可能进一步引发路基工程病害。

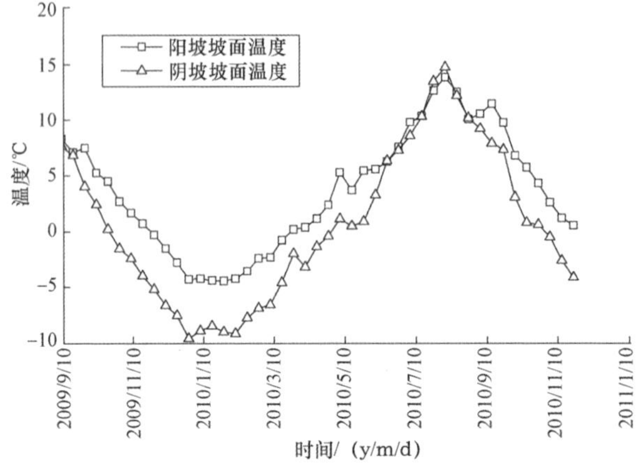

图 3-6　高速公路路基两侧坡面平均温度

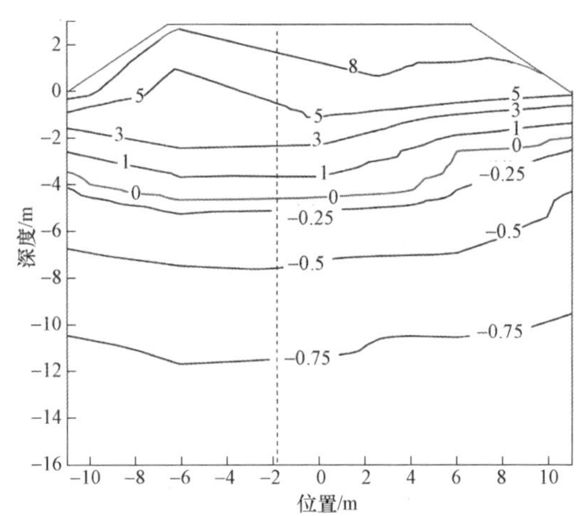

图 3-7　2015 年 10 月 1 日高速公路路基内地温场分布

3.4　高速公路路基变形分析

3.4.1　路基变形特征

随着冻土区高速公路路基内地温持续变化，路基发生的变形如图 3-8 所示，负值表示沉降变形。由图 3-8 可以看出，在试验路基完成后，路基总体呈沉降变形趋势，且随时间呈较明显的周期、阶段性变化，在暖季期间沉降变形显著，在冷季期间变形较平缓。在路基不同位置，发生的沉降变形幅度有所差异，最大沉降变形发生在路基阳坡路肩处，最小沉降变形出现在路基阴坡路肩处，两侧路基之间的沉降变形呈单向递变规律，即从阳坡路肩至阴坡路肩之间的位置，路基沉降变形依次减小。至高速公路试验路基完成后第 6 年，路基阳坡路肩处产生的最大沉降变形约为 60 cm，平均每年产生的最大沉降变形量约 100 mm，路基阴坡路肩处产生的沉降变形量约达 27 cm，这使得两侧路肩之间的沉降差异约为 33 cm，差异变形以每年 55 mm 的平均速度增长。

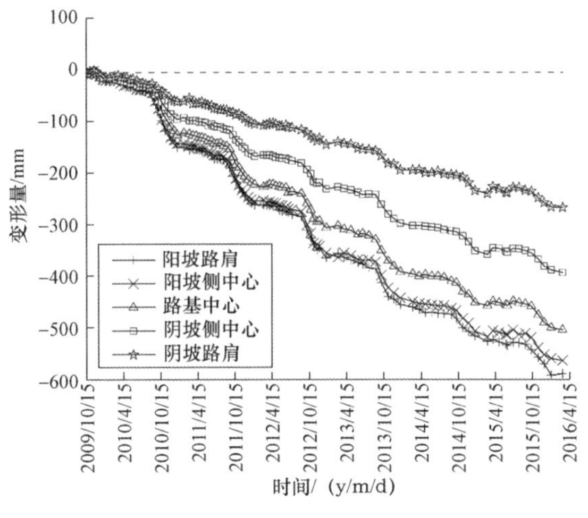

图 3-8　高速公路路基顶面各处变形曲线

在唐南地区青藏公路试验段，当地属于高温高含冰量冻土区，年平均地温约为 −0.3 ℃，略高于北麓河青藏高速公路试验场地，该冻土环境更不利于维持路基的稳定性。根据对该试验场地青藏公路路基变形监测数据显示，路基产生的最大沉降变形率每年约为 62 mm。相比之下，冻土环境相对更有利的高速公路试验路基产生的最大沉降变形率约是青藏公路的 1.6 倍，而造成该沉降变形幅度差异的根本原因在于高速公路宽幅路基更大的吸热量和

“聚热效应”造成对下伏多年冻土更强的热扰动，加速多年冻土的融化和升温，使得路基产生更显著的沉降变形。

根据 214 国道 K369+100 处试验场地，路基高度约为 2.7 m，路基宽度为 8.5 m，年平均地温约为 – 0.7 ℃，冻土中分布着含土冰层，属于高温高含冰量冻土区，冻土环境与北麓河青藏高速公路试验场地相近。根据该处路基地温监测显示，路基两侧坡面温度差异约为 4.0 ℃，至公路完成后第 3 年，路基横向差异变形约为 170 mm。相近冻土环境下的高速公路在完成后第 3 年，路基横向差异变形约为 222 mm，约是 214 国道的 1.3 倍，而两者路基最大的差异仍然在于路基幅宽。由此可见，在多年冻土区修筑高速公路，路基宽度的增加，不仅增加了路基的沉降变形幅度，更促进了“阴阳坡效应”对路基的影响，增加了路基在横向内产生差异性变形的可能。

3.4.2 路基变形过程分析

在多年冻土区，路基沉降变形的来源主要包括三个部分，分别是融沉变形、蠕变和季节活动层产生的附加变形。融沉变形伴随着冻土融化，包括冻土融化产生的变形和冻土融化后的压缩变形。蠕变主要来源于路基下高温冻土，该部分变形产生的根源在于冻土物理性质随温度发生变化。季节活动层产生的附加变形主要指路基修筑后形成了新的季节活动层，在经历冻融循环的过程中，土体的孔隙度不断发生变化。由此可见，路基沉降变形与路基内温度场的变化密切相关。

从图 3-8 所示的路基各位置处变形曲线可以看出，尽管冻土区高速公路不同位置处沉降变形幅度有所差异，但各时间段变形趋势基本一致。为研究高速公路路基条件下的路基变形机理，我们将对单位周期内路基两侧路肩处最大、最小沉降变形过程进行分析。如图 3-9 所示为高速公路路基两侧路肩处 2012 年至 2014 年期间地温与路基变形同步变化过程，图中用红色虚线根据路基变形速率将该过程划分为不同的阶段：从 9 月中旬至 11 月末，路基沉降变形增长速度较快，在 12 月至次年 9 月初期间，路基沉降变形变化比较平缓。由图 3-9 可以看出，路基两侧路肩的变形过程基本同步，但变形幅度差别较大，如表 3-3 所示为路基两侧路肩处各时期内的变形量。在融化期内，阳坡路肩处产生的沉降变形量约是阴坡路肩的 2.4～3 倍，在冻结期内，阳坡路肩处产生的沉降变形约是阴坡路肩的 1.9 倍。

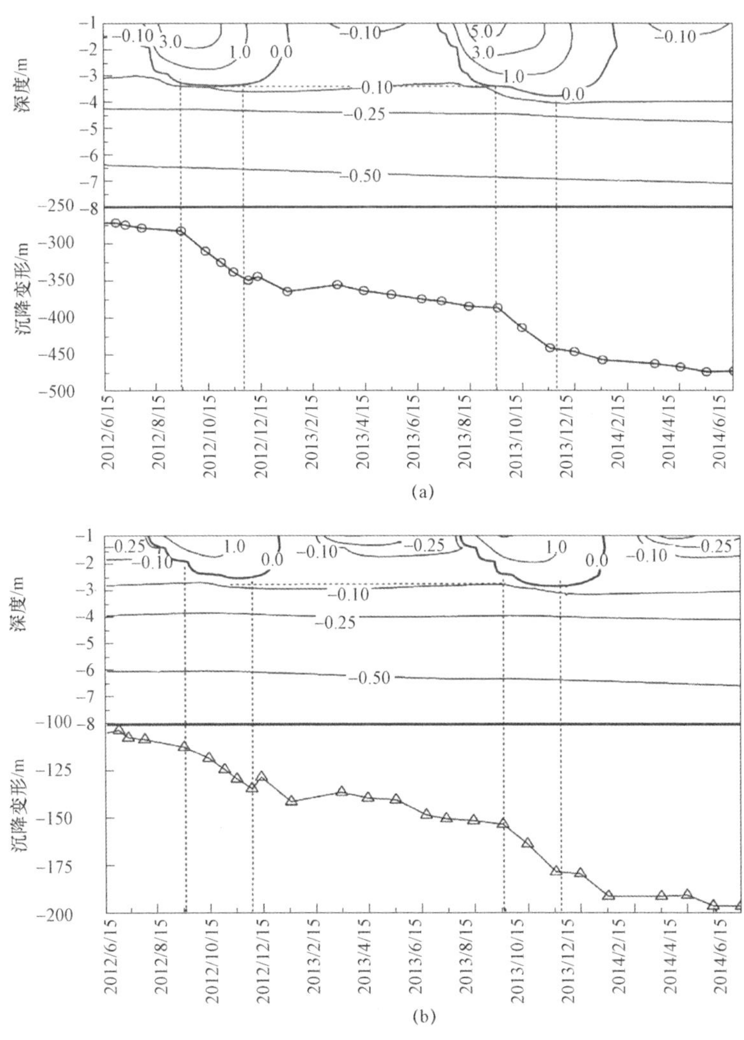

图 3-9　高速公路路基地温与变形同步变化过程

（a）阳坡路肩；（b）阴坡路肩

表 3-3　路基路肩处各时期内沉降变形量（mm）

	融化期		冻结期
	2012	2013	2012—2013
阳坡路肩	66	59	37
阴坡路肩	22	25	19
比值（阳/阴）	3	2.4	1.9

结合图 3-9 中地温和变形过程可以看出，在冻结期间，冻土路基沉降变形主要来源于下伏高温冻土的压缩、蠕变变形。在冻土上限以下存在厚度较大的高温冻土层，并在冻结期间内持续升温，该过程将使得多年冻土层的压缩系数持续、快速增大，这将进一步加剧路基产生压缩、蠕变变形。比较该期间内路基两侧路肩下地温变化，以 −0.25 ℃和 −0.50 ℃等温线为例，冻土升温速度基本平稳，同时，压缩变形率呈均匀增加趋势。路基阳坡路肩下升温速率约是阴坡下的 1.5 倍，由冻土更快升温引起更大的蠕变变形是该期间内阳坡路肩产生更大沉降变形的原因。在冻土上限以上的季节活动层发生了重新冻结，但土体温度较高，接近冰点。该冻结过程尽管产生了轻微的冻胀现象，但对路基沉降变形趋势的影响几乎可以忽略，两侧路肩处均呈近似均匀沉降变形趋势。该期间内，阴、阳坡路肩处的平均沉降变形速率分别约为 2 mm/月、3.9 mm/月。

在融化期内，阴、阳坡路基沉降变形平均速率分别约为 8.8～10 mm/月、23.6～26 mm/月，约是冻结期的 5 倍。在该期间内，不仅下伏多年冻土呈升温趋势，且多年冻土发生融化，尤其是在路基阳坡路肩下多年冻土融化幅度更大。因此，该路基沉降变形主要来源于多年冻土融化引起的沉降变形和下伏高温冻土压缩、蠕变变形，而路基阳坡路肩处的沉降变形速度约是阴坡路肩处的 2 倍以上，该差异主要来源于多年冻土融化和升温速度差异。

在地基单个冻融周期内，尽管多年冻土融化仅持续约 2.5 个月，但该期间内产生的沉降变形量占总量的主要部分，约为 60%。由图 3-9 中 2012 年 9 月至 2013 年 9 月期间多年冻土中 −0.25 ℃、−0.50 ℃等温线变化可知，该期间地温变化基本呈均匀变化，由此可以合理认为，在 2012 年 9 月至 11 月中旬期间由于高温冻土压缩、蠕变引起的沉降变形率与 2012 年 11 月中旬至 2013 年 9 月期间的变形率基本一致。因此，路基阴、阳坡路肩处在该融化期内由高温冻土压缩、蠕变产生的沉降变形分别为 5 mm、9.8 mm，则相应地由多年冻土融化引起的沉降变形分别为 17 mm、56.2 mm，该来源的沉降变形占该期间内总量的 80%～90%。冻土地基的冻结期持续约 9.5 个月，尽管该期间内沉降变形变化速率比较缓慢，但该期间产生的变形量仍然占相当一部分，约占总量的 40%。从路基变形来源来看，在路基阴、阳坡路肩处由多年冻土融化引起的沉降变形分别占单个周期内总沉降变形量的约 41%、55%，而由高温冻土压缩、蠕变引起的沉降变形分别占约 59%、45%。

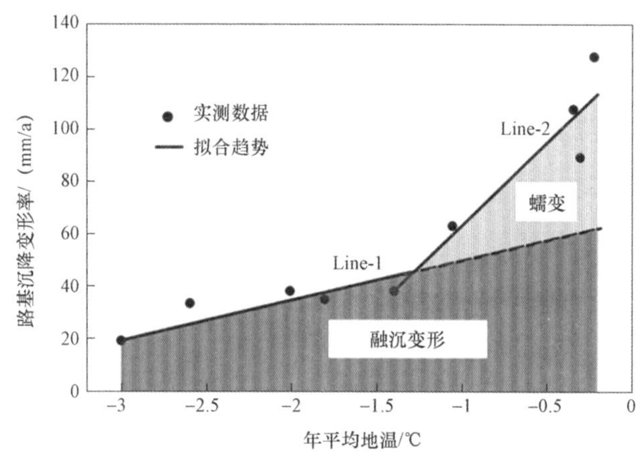

图 3-10　青藏公路沿线年平均地温与路基平均沉降变形率关系

根据 1998—2000 年期间青藏公路沿线不同地温区路基沉降变形观测显示，如图 3-10 所示为路基沉降变形率随年平均地温变化图。从图 3-10 可以看出，路基产生的沉降变形随着年平均地温的升高不断增加，但增加趋势在年平均地温约 −1.3～−1.2 ℃左右处发生较大转变。在年平均地温较低的冻土区（如年平均地温低于 −1.3 ℃），路基下多年冻土温度相对较低，土体的压缩系数较小，由该冻土土体温度的升高引起的蠕变几乎可以忽略。因此，在低温冻土环境下，路基沉降变形主要来源于上部多年冻土的融化，路基的融沉变形随着年平均温度升高几乎呈线性增大趋势。随着年平均地温逐渐升高，例如，当年平均地温约为 1.3～－1.2 ℃时，路基下开始出现高温多年冻土。由于高温多年冻土的压缩系数随温度继续升高会显著增加，尤其是当土体温度高于－1.0 ℃，进而开始产生较显著的蠕变，而且产生的蠕变量随着温度的升高不断增大，这也是路基沉降变形率曲线在年平均地温－1.3～－1.2 ℃处出现转折点的原因。因此，在高温冻土环境下，路基沉降变形来源于融沉变形和蠕变两部分，其中，路基融沉变形部分主要位于线 1（Line-1）以下，路基蠕变部分主要位于线 1（Line-1）和线 2（Line-2）之间。

从图 3-10 可以看出，在与青藏高速公路试验场地地温相近的地温区（MAGT=－1 ℃），青藏普通公路路基总沉降变形率为 62 mm/a，其中融沉变形率约为 50 mm/a，蠕变变形率为 12 mm/a，高温冻土压缩蠕变占 20%。对于青藏高速公路，对比试验路基段最大年总沉降变形量约为 103 mm，其中融沉变形量为 58.2 mm/a，蠕变变形量为 44.8 mm/a。路基幅宽的增加，不仅加快了下部多年冻土的融化速度，而且增强了对下部多年冻土的热扰动作用。相比之下，造成青藏高速公路试验路基沉降变形增加的原因，不仅是融沉变形量的增大，更显著的是蠕变变形大幅度增加，青藏高速公路试验路基蠕变变形量约为青藏公路的 3.7 倍。

3.4.3 路基变形趋势分析

从图 3-8 可以看出，高速公路试验路基各位置均呈持续沉降变形趋势，但沉降变形幅度和发展趋势存在差异，因此，我们将对造成路基不同位置处差异变形趋势的原因进行分析。如图 3-11 所示为 2010—2015 年期间路基中心和两侧路肩处每年产生的沉降变形量曲线。在高速公路条件下，最小年沉降量发生在阴坡路肩处，该量值随时间变化几乎保持稳定；最大年沉降量发生在路基阳坡路肩处，该量值随时间变化呈逐年减小趋势；路基中心处的沉降变形量位于前两者之间，量值随时间变化呈逐年减小趋势。根据前述对路基变形机理的分析可以发现，冻土路基沉降变形的来源主要包括多年冻土融化引起的沉降变形和高温冻土压缩、蠕变引起的沉降变形，在路基阳坡路肩处，前者占主要组成部分，而在路基阴坡路肩处，后者所占份额更大。可见从路基阳坡路肩至阴坡路肩，路基沉降变形来源呈递变规律，即由多年冻土融化引起的沉降变形部分所占份额逐渐减小，而由高温冻土压缩、蠕变引起的沉降变形部分所占份额逐渐增大。

冻土路基下高温冻土压缩、蠕变变形，主要取决于冻土温度和含冰量。根据高速公路路基阴坡路肩下地温变化，如图 3-4（a）所示，在监测期内各年冻土上限深度基本保持不变，下伏多年冻土层温度呈逐年上升趋势。在该过程中，土体升温速度基本保持稳定，并造成高温冻土层厚度以较均匀的速度增加。冻土温度的升高和高温冻土厚度的增加都会加剧高温冻土产生压缩、蠕变变形，而两者比较稳定的变化趋势是阴坡路肩处各年年沉降变形量基本稳定的原因所在，但该量值变化仍然呈小幅度波动趋势，这主要受冻土中空间分布不均匀的地下冰的影响。随着下伏多年冻土地温的不断升高，该处的冻土上限也将逐渐开始下降。在路基阴坡路肩下冻土上限发生显著持续下降之前，该处每年产生的沉降变形量将保持基本稳定。

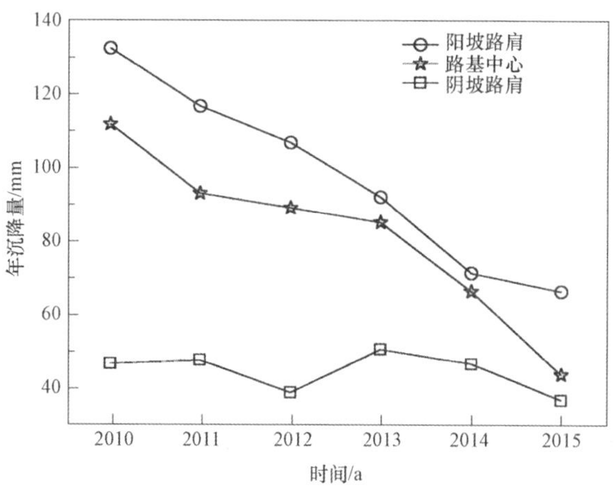

图 3-11　高速公路路基各处年沉降量变化曲线

冻土路基融沉变形，主要受多年冻土含冰量的影响。根据高速公路路基阳坡路肩下地温变化，如图 3-4（c）所示，在路基完成后，冻土上限深度和多年冻土层地温均随时间呈逐年增大趋势，该处的路基变形主要来源于多年冻土融化引起的沉降变形和高温冻土压缩、蠕变变形。其中，高温冻土压缩、蠕变变形部分是基本稳定的。如图 3-5 所示，尽管冻土上限深度呈单向递增趋势，但每年的变化量却呈先减小后增加趋势，该变化趋势与该处沉降变形年变化量趋势有所相悖。根据高速公路试验路基场地地质条件可知，地下冰（水）含量随深度增加呈先增加后减小的分布趋势，并在约 – 2.5 m 深度处达到最大含冰（水）量值。地下冰的分布规律不仅影响了冻土上限年变化趋势，也进一步影响了路基产生的融沉变形。尽管在 2012 年之后冻土上限年变化量逐年增大，但该冻土上限所在位置处含冰量较低，导致路基融沉变形年变化量仍然逐年减小。按照该发生趋势，冻土路基沉降变形将持续增加，但每年产生的变形量将逐年减小，当冻土上限深度超过 6.0 m 之后，该年变形量值将逐渐趋于稳定。

此外，在高速公路路基中心和路基阳坡路肩下，冻土上限深度和多年冻土升温速率基本一致，但路基阳坡路肩处的沉降变形和年沉降量均稍高于路基中心，造成该差异的原因最可能是两处地下冰分布差异。在下伏多年冻土中地下冰空间分布表现出一定的差异性，地下冰差异性分布在天然场地中较为普遍，这一点也得到现场钻孔勘察状况的证实。

3.5　本章小结

本章内容基于青藏高原北麓河地区高速公路试验示范工程内无附加措施的对比路基段的实测数据，按“热流传递—地温变化—路基变形”的思路，对高温高含冰量冻土区高速公路路基变形机理进行系统分析，得出以下主要结论。

（1）在基本相同的高温多年冻土环境条件下，高速公路试验路基中心下进入下部多年冻土层的热流强度约是青藏公路的 2.8 倍，由高速公路试验路基造成的多年冻土退化和升温速度约是青藏公路路基下的 2 倍。实测数据验证了宽幅路基的“聚热效应”，在多年冻土区，高速公路对多年冻土产生的负面影响相比青藏普通公路成倍增强。

（2）受路基阴阳坡面温度差异影响，从路基阴坡至阳坡，高速公路路基内地温呈差异性变化趋势。在路基阴坡路肩下，冻土上限基本保持稳定，下伏多年冻土呈持续升温趋势；在路基阳坡路肩下，冻土上限呈持续下降趋势，下伏多年冻土加速升温。试验路基的实测数据显示，路基阳坡路肩和路基中心下冻土上限下降速度约为 0.35 m/a，这两处的升温速率约是阴坡路肩下的 1.5 倍。

（3）在与试验工程基本相同的高温多年冻土环境条件下，高速公路试验路基的最大沉降变形约是青藏普通公路的 1.6 倍，路基横向差异变形约是青藏普通公路的 1.3 倍。由此可见，路基幅宽的增加，不仅增大了路基的沉降变形量，而且增大了路基在横向内产生的变形差异。造成路基最大沉降变形差异的原因在于，高速公路更强的吸热条件不仅增加了路基下产生的融沉变形量，而且使得路基产生了更大比例的冻土蠕变。受路基阴阳坡温度差异影响，从阳坡路肩至阴坡路肩，路基沉降变形来源中融沉变形占总变形量的比例逐渐减小，冻土蠕变所占比例逐渐增加。

第4章　冻土高速公路热管路基病害机理分析

4.1 引　言

在气候变暖和人为工程的双重作用下，青藏高原冻土区工程下多年冻土处于加速退化的状态，这将直接引起工程病害的产生，尤其是在高温高含冰量多年冻土区。为解决多年冻土区路基热稳定性问题，我们已提出采用“主动冷却”路基的修筑方法，通过对冻土路基调控辐射、热对流、热传导来降低下伏多年冻土地温。重力式热管（简称“热管”）是一种对流调控措施，被广泛应用于对冻土区工程降温，包括青藏公路、青藏铁路、青藏直流输电线路等重大工程。热管主要利用低沸点液态工质实现单向导热，且其在蒸发段和冷凝段之间温差的驱动力下工作，无须外加动力，这使得热管具有高效性和环保性。

当前对热管的研究主要集中在该装置对冻土工程的降温效能上，热管的应用，不仅增强了冻土工程地基的散热能力，而且也延长了地基的冻结期时间，达到提高冻土上限、降低下伏多年冻土温度的目的。在实际工程当中，为了增强热管的调控效果，可以将保温板、块碎石层等材料和热管结合使用，或者将热管以一定角度倾斜安装。然而，在青藏公路和青藏铁路热管应用部分路段已出现了纵向开裂，如图 4-1 所示，根据现场观测，路基裂缝仍在随时间逐年持续发育。已有研究成果表明路基纵向裂缝的产生可能与热管引起的地温变化有关，同时，在高速公路条件下，路基纵向开裂问题将更加突出[54]。在青藏高速公路试验工程完成后，斜插热管路基很快出现了纵向开裂。由于热管在道路工程，尤其是公路工程中的应用有限，研究程度较浅，对路基纵向裂缝形成过程及其机理缺乏系统、全面的研究。因此，本章将重点针对高速公路斜插热管路基出现的纵向裂缝展开研究。首先，结合现场实测数据和数值计算，从地温变化、路基变形、应力状态等角度系统地探讨裂缝的形成机理；其次，结合直插热管路基的降温表现及路基变形特征，对热管路基结构进行改良，并通过数值计算验证其调控效果，以及应用可行性和适用性。

(a)　　　　(b)

图 4-1　青藏公路（a）和青藏铁路（b）清水河路段直插式热管路基纵向裂缝发育情况（图 b）

4.2　热管工作机理简介

热管是一种气液两相对流循环导热装置，利用热虹吸原理驱动管内低沸点工质循环流动，其结构如图 4-2 所示。在热管的结构方面，热管主要由三部分组成，从上到下分别为冷凝段、绝热段、蒸发段。在真空的热管内装有低沸点工作的介质（简称“工质”），如氨、氟利昂等。热管内的工质以液态存在于蒸发段，以气态存在于其他部分。在热管的工作原理方面，随着外界空气温度不断降低，当冷凝段温度低于工质的冷凝温度时，冷凝段内的气态工质在热管管壁发生凝结，转变为液态，同时在相变过程中释放出热量。冷凝变为液态的工质，在重力作用下，沿管壁向下回流至蒸发段。随着上部冷凝段内气态工质的不断减少、气压的不断降低，与热管冷凝段以下部分形成气压差。在内部气压差驱动下，热管冷凝段下部气态工质不断向上迁移，并破坏热管内气态—液态工质气压平衡，液态工质开始沸腾、蒸发，导致蒸发段液态工质发生相变，转变为气态，同时，在该过程中吸收周围的热量。通过这种源源不断的循环过程以及工质在不同位置发生的相变过程，冷凝段和吸热段不断放热和吸热，实现热量的单向传递、地温的降温过程。

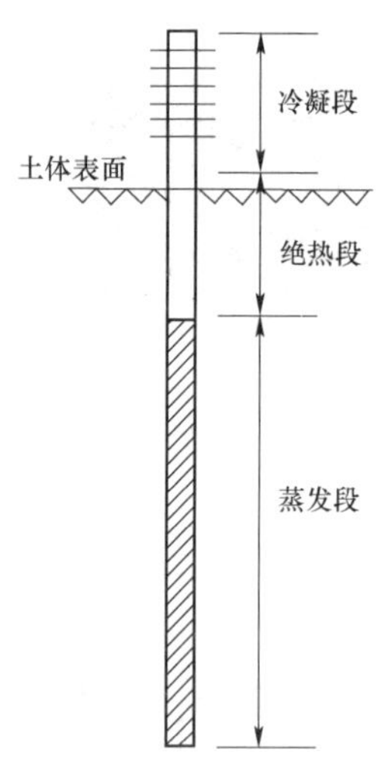

图 4-2　热管结构示意图

在对热管传热特征的室内研究中发现，热管工作中存在一个启动温差，即当冷凝段处环境温度低于蒸发段土体某一个温度值时，热管开始工作。室内试验研究发现，该启动温差大约为 0.2 ℃。热管工作启动温差的存在，使得热管工作时间主要集中在冷季期间，而在暖季基本停止工作。在实际工程应用中，热管的冷凝段一般埋设在原天然地表以下的土层中，在冷季期间，将地基中的热量传输至外界大气中，对下伏冻土地基进行降温。在使用过程中发现，热管仅对沿管壁外一定半径（约 2.0 m）内的土层才发挥出较显著的降温效果。可见，热管呈线性、局部降温特性，该特性将可能引起路基内地温场呈不均匀分布趋势，并进一步造成路基的不均匀变形。

4.3　高速公路斜插式热管试验路基结构及路基病害状况

4.3.1　斜插式热管试验路基结构

高速公路斜插式热管试验路基结构如图 4-3 所示，路基高度为 3 m，路基顶面宽度为 13 m，包括沥青路面宽度 11.5 m 和两侧土路肩宽度 0.75 m，路基边坡坡度为 1:1.5。热管安装在路基两侧路肩处，在路基外部的热管蒸发段长度为 3 m，埋设在路基内部的热管长度约为 9 m，倾斜角度约为 45°。在路基同一侧，相邻热管间距为 3 m，路基两侧热管交错布设，错开约 1.5 m。在路基内距地表高 1.5 m 处铺设了一层厚度为 6 cm 的 XPS 保温板。

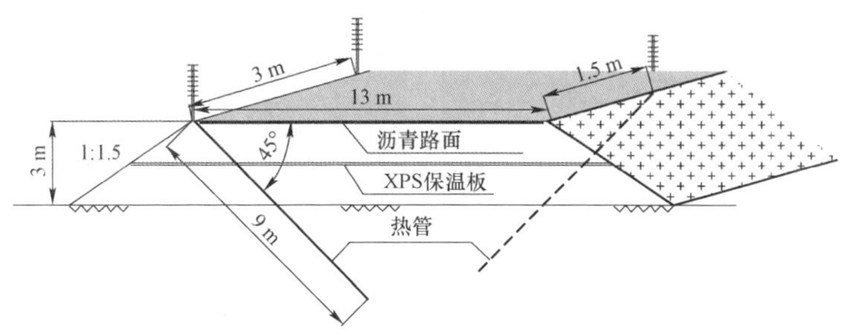

图 4-3　高速公路试验工程斜插式热管路基结构

4.3.2 路基纵向开裂状况

在高速公路试验路基完成后第 3 年（2011 年），斜插式热管路基段已出现纵向开裂，纵向裂缝状况如图 4-4 所示。图 4-4（a）为整个热管路基段已出现的纵向裂缝分布图，图中 Y 轴表示路基顶面横向位置，原点表示路基阳坡侧路肩位置，X 轴表示路基走向方向上的位置。图 4-4（b）为最宽的主裂缝局部位置的宽度照片。该路基段的裂缝大部分位于路基阳坡侧半幅内，其中，主裂缝位于距阳坡路肩约 4 m 处，距路基中心约 2 m 处，且主裂缝贯穿了整个斜插式热管试验路基段，裂缝最大宽度超过 30 cm。本章中将重点针对该主裂缝的形成机理进行研究。

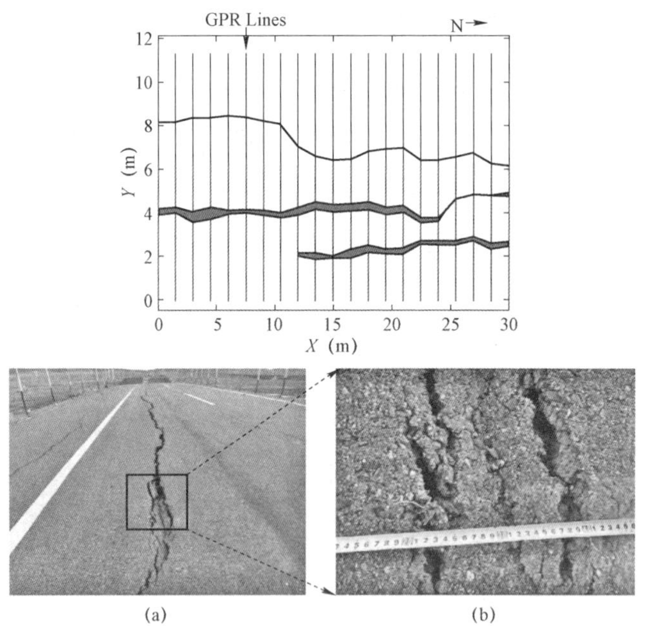

图 4-4 高速公路斜插式热管试验路基纵向裂缝特征

（a）整个热管路基段裂缝分布；（b）局部裂缝宽度

4.4　高速公路试验工程斜插式热管路基纵向裂缝形成机理分析

为了研究高速公路试验工程内斜插热管路基段纵向裂缝的形成机理，下面将结合试验工程现场实测数据和数值计算结果，对路基纵向开裂的发育过程进行分析。

4.4.1　斜插式热管试验路基实测地温特征

青藏高速公路试验示范工程于 2009 年修建完成后，斜插式热管路基段内已出现较明显的降温效果，如图 4-5 所示分别为 2009 年 9 月 30 日和 2011 年 9 月 30 日该路基段内地温场分布特征。根据试验工程热管路基地温监测显示，热管路基内最高地温出现在 9 月末、10 月初，因此，以 9 月 30 日路基地温场作为代表性分析。

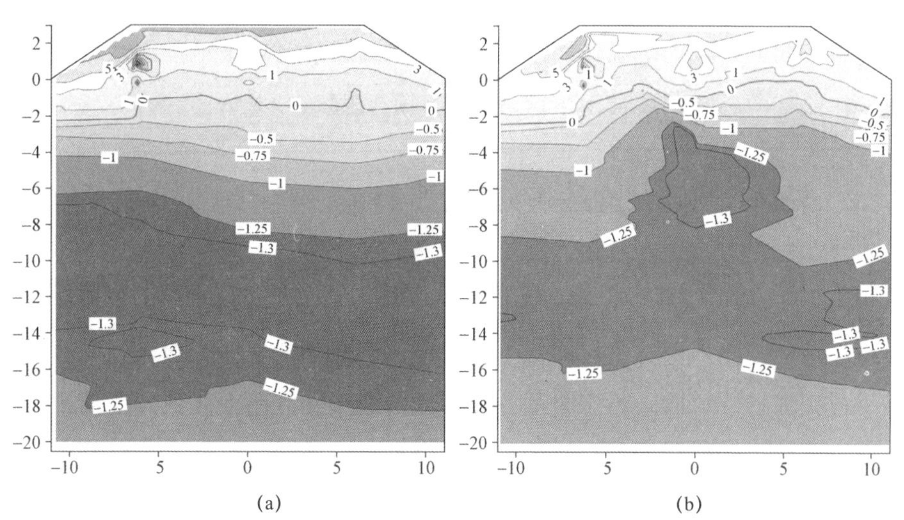

图 4-5　不同日期高速公路试验工程斜插式热管路基地温场分布

（a）2009.9.30；（b）2011.9.30

如图 4-5 所示为试验工程完成后第 1 年和第 3 年 9 月末斜插热管路基内

温度场。图 4-5（a）为 2009 年 9 月 30 日路基地温场，路基下冻土上限已出现小幅度上移，但路基内温度场仍以升温为主，各温度值的等温线主要呈下凹分布趋势，热管还未发挥出降温作用，因此，可以合理地将这天的地温近似认为是该路基段初始地温场，并以此作为热管调控效果对比。图 4-5（b）为 2011 年 9 月 30 斜插热管路基内地温场，相比初始地温场，有以下显著特征：（1）路基下冻土上限上移。根据试验场地地温监测和钻孔资料显示，原天然场地冻土上限深度约为 2 m。在热管作用下，路基内冻土上限上升至原天然地表附近位置，尤其是在路面下对应区域，最大上升幅度约达 2 m。（2）路基顶面下冻土地基地温降低。在热管的降温作用下，冻土地基浅层内温度下降，尤其是在路面下区域，－1.0 ℃等温线位置上升，各等温线呈上凸分布趋势，并且在路基中心下虚线框区域内形成温度较低的低温冻土核。（3）路基阳坡下地基温度有所升高。受路基坡面温度的影响，该区域下地基温度相比初始状态有所升高。

通过比较以上地温场特征可以发现，斜插式热管在路基调控中发挥出较显著的降温效能，但其显著的降温效果主要集中在路基中心区域，热管在路基阳坡坡面下区域的降温作用较弱，不足以阻止该区域下地基继续升温。因此，在路基中心和阳坡坡面下区域，地温形成显著的差异。

4.4.2 斜插式热管试验路基实测变形特征

第三章“冻土区高速公路路基变形分析”中已介绍，路基监测系统中，在路基顶面等距离的 5 个位置设有变形观测点。图 4-6（a）为在高速公路试验工程完成后，斜插式热管路基各位置处的变形随时间变化曲线，图中，路基变形正值表示冻胀变形，负值表示沉降变形。由图 4-6（a）可以看出，路基顶面不同位置处变形趋势存在差异，在路基阳坡路肩和阳坡侧半幅中心位置处呈沉降变形趋势，最大变形出现在阳坡路肩处，且沉降变形量逐年增大；在路基中心至阴坡路肩呈弱冻胀变形趋势，冻胀变形量较小，最大冻胀变形约出现在路基中心，且各年的冻胀变形量变化较弱，随时间呈小幅度增加趋势。在该差异性变形趋势作用下，路基顶面变形呈如图 4-6（b）所示的差异性，至 2016 年，在路基阳坡侧半幅路基内最大差异变形约达 80 mm。

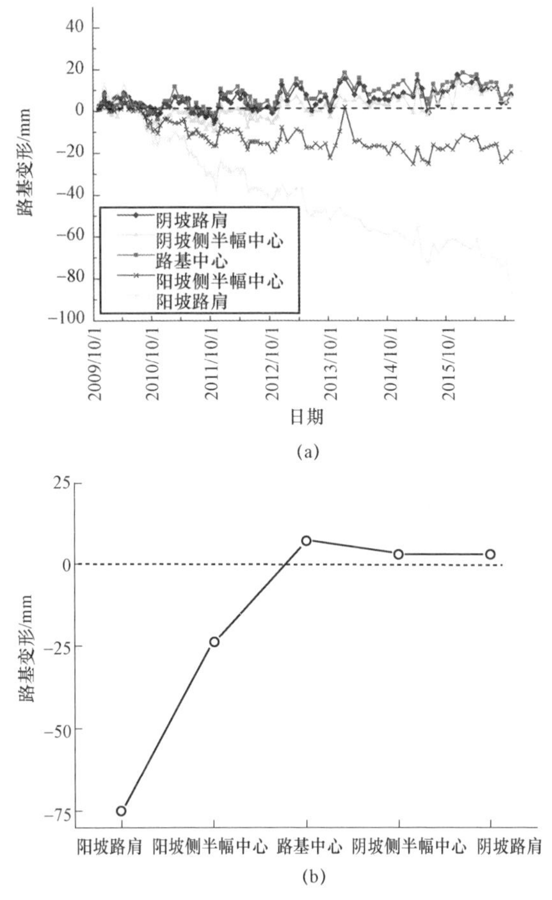

图 4-6　（a）高速公路试验工程斜插式热管路基顶面变形曲线；（b）2016 年 10 月 18 日路基顶面变形分布

4.4.3　数值计算模型

4.4.3.1　控制方程

在多年冻土区，路基热状态、相变过程等因素都将对路基冻胀、融沉、不均匀变形、应力重分布状况等产生影响。路基纵向裂缝的形成过程中伴随着热、力多场耦合变化。因此，可以通过对高速公路斜插式热管路基建立热-力三维耦合数值模型来研究路基开裂的形成机理。

（1）传热方程

在计算冻土路基地温场时，主要考虑土体介质的热传导和冰水相变，忽略热对流和其他作用。土体中的未冻水含量假设仅为温度的函数。路基内传热过程可表示为：

$$\rho C\frac{\partial T}{\partial t}=\frac{\partial}{\partial x}\left(\lambda_x\frac{\partial T}{\partial x}\right)+\frac{\partial}{\partial y}\left(\lambda_y\frac{\partial T}{\partial y}\right)+\frac{\partial}{\partial z}\left(\lambda_z\frac{\partial T}{\partial z}\right) \tag{1}$$

式中，ρ 为土的天然密度，单位为 $kg\cdot m^{-3}$；C 为土的视比热容，$J\cdot(kg\cdot ℃)^{-1}$；λ 为土的视导热系数，单位为 $J\cdot(m\cdot h\cdot ℃)^{-1}$；$T$、$t$ 分别表示温度和时间，单位分别为℃、h；x、y、z 为空间变量，单位为 m。计算中采用视比热容方法，式中视比热 C 和视导热系数 λ 按（安维东，1989；Lai Yuanming，2004）中取值，如下式所示：

$$C=\begin{cases} C_u & (T>T_p) \\ C_f+\dfrac{C_u-C_f}{T_p-T_b}(T-T_b)+\dfrac{L}{1+W}\dfrac{\partial W_i}{\partial T} & (T_b\leqslant T\leqslant T_p) \\ C_f & (T<T_b) \end{cases} \tag{2}$$

$$\lambda=\begin{cases} \lambda_u & (T>T_p) \\ \lambda_f+\dfrac{\lambda_u-\lambda_f}{T_p-T_b}(T-T_b) & (T_b\leqslant T\leqslant T_p) \\ \lambda_f & (T<T_b) \end{cases} \tag{3}$$

上式中，下标 u、f 分别表示融化和冻结状态，T_b、T_p 分别表示冻土剧烈相变区下、上界温度值，L 表示水的相变潜热，计算中取 334.56 $kJ\cdot kg^{-1}$；W、W_i 分别为冻土的总含水量、含冰量。

（2）力学方程

在计算冻土路基变形和应力状态中，土体假设为弹塑性材料，且冻土性质与土体温度有关，并考虑在路基自重作用下产生的冻土地基蠕变。因此，对路基建立静力平衡微分方程、几何方程和弹塑性本构方程，如下所示：

$$[\partial]\{\sigma\}-\{F\}=0 \tag{4}$$

$$\{\varepsilon\}=-[\partial]\{u\} \tag{5}$$

$$\{\mathrm{d}\sigma\}=[D_T]\{\mathrm{d}\varepsilon\}^e=[D_T](\{\mathrm{d}c\}\quad\{\mathrm{d}\varepsilon\}^c) \tag{6}$$

上式中，∂为应变矩阵算子，$[\partial]=\begin{bmatrix}\frac{\partial}{\partial x} & 0 & 0 & \frac{\partial}{\partial y} & 0 & \frac{\partial}{\partial z} \\ 0 & \frac{\partial}{\partial y} & 0 & \frac{\partial}{\partial x} & \frac{\partial}{\partial z} & 0 \\ 0 & 0 & \frac{\partial}{\partial z} & 0 & \frac{\partial}{\partial y} & \frac{\partial}{\partial x}\end{bmatrix}$；$\{\sigma\}$为应力，$\{\sigma\}=\{\sigma_x\ \sigma_y\ \sigma_z\ \tau_{xy}\ \tau_{yz}\ \tau_{zx}\}^{\mathrm{T}}$；$\{F\}$为单位土体体积，$\{F\}=\{F_x\ F_y\ F_z\}^{\mathrm{T}}$；$\{\varepsilon\}$为应变，$\{\varepsilon\}=\{\varepsilon_x\ \varepsilon_y\ \varepsilon_z\ \gamma_{xy}\ \gamma_{yz}\ \gamma_{zx}\}^{\mathrm{T}}$；$\{u\}$为位移，$\{u\}=\{u_x\ u_y\ u_z\}^{\mathrm{T}}$；$D_T$为与温度有关的弹性矩阵；$\{\mathrm{d}\varepsilon\}$为应变增量；$\{\mathrm{d}\varepsilon\}^e$为弹性应变增量；$\{\mathrm{d}\varepsilon\}^c$为蠕变应变增量。

4.4.3.2　物理模型及材料参数

基于高速公路斜插式热管试验路基结构建立三维物理模型，模型横截面及相应尺寸如图 4-7 所示。由于试验路基单侧相邻热管间隔为 3 m，因此计算中物理模型 Z 方向厚度取 1.5 m。模型中，左侧路肩的热管位于 Z 轴 0 m 处，右侧路肩的热管位于 Z 轴 −1.5 m 处。根据试验场地地质钻孔资料，下伏地基土层简化为如图 4-7 所示。冻土的热、力学性质均与土体温度有关，各土层参数如表 4-1、表 4-2 所示。

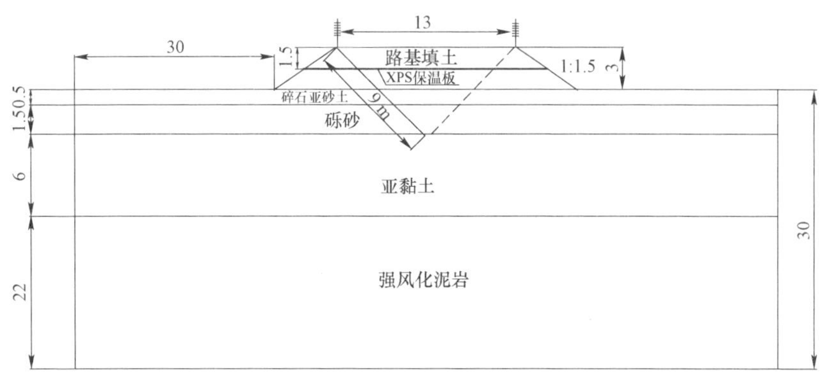

图 4-7　高速公路斜插式热管路基物理模型横截面（m）

表 4-1　计算中各土层热学参数

材料	深度（m）	干密度（$kg \cdot m^{-3}$）	含水量（%）	导热系数（$J \cdot m^{-1} \cdot h^{-1} \cdot ℃^{-1}$）		比热（$J \cdot kg^{-1} \cdot ℃^{-1}$）	
				冻土	融土	冻土	融土
卵石土	路基填土	2 060	6	5 040	4 140	706.6	861.7
XPS 保温板	—	40	0	108	108	1 400	1 400
碎石亚砂土	0～0.5	1 800	15	6 552	5 760	977.2	1 266
砾砂	0.5～2.0	1 900	10	9 405	6 897	8 10.0	1 044
亚黏土	2.0～8.0	1 600	30	7 632	5 112	1 222	1 608
强风化泥岩	8.0～30.0	1 800	15	6 552	5 760	981.8	1 272

表 4-2　计算中各土层力学参数

材料	E（MPa）		v		C（MPa）		φ		C_1	C_2	C_3	C_4
	E_0	a_1	v_0	a_2	C_0	a_3	φ_0	a_4				
卵石土	61	53	0.35	−0.007	0.03	0.094	23	9.5	3.68e-7	1.18	0.08	0.54
碎石亚砂土	34	30	0.42	−0.007	0	0.6	31	4	2e-14	2.06	0.32	0.10
砾砂	36	30	0.42	−0.007	0	0.6	31	4	2e-14	2.06	0.32	0.10
亚黏土	28	26	0.4	−0.008	0.15	0.09	22	8	2.98e-7	1.07	0.07	0.52
强风化泥岩	140	108	0.25	−0.004	0.1	0.24	28	11	2.86e-7	1.07	0.06	0.52

4.4.3.3　边界条件设定

根据试验工程现场监测数据，路基计算模型顶面边界温度条件可按下式三角函数设定：

$$T = T_0 + \alpha t + A\sin\left(\frac{2\pi t}{8\ 760} + \frac{\pi}{2}\right) \tag{7}$$

上式中，T_0 为计算模型上边界下附面层底的年平均温度，A 为上边界温度年振幅，根据试验路基现场实测数据，T_0 和 A 按表 4-3 中取值；α 为考虑青藏高原气候变暖，计算中取 0.04 ℃/a。

表 4-3　计算中冻土路基上边界温度条件参数

	路基顶面	阳坡坡面	阴坡坡面	天然地表
T_0	5.3	4.1	0.3	-1
A	15.6	10.6	12	11.5

鉴于计算模型两侧宽度较大，左右侧边界设定为绝热边界。根据北麓河气象站钻孔地温数据，在模型底面温度梯度设定为 0.03 ℃/m。在力学计算中，计算模型左右两侧设定为水平固定边界，底面设定为垂直固定边界。

热管冷凝段散热片有效散热面积 F 为 4.53 m^2，计算中翼片散热效率为 0.8。外界空气和热管散热片的热对流系数 α 按下式设定[179]：

$$\alpha=\begin{cases}30\ \mathrm{W/m^2} & T-T_{air}>0.2\\ 0 & T-T_{air}\leqslant 0.2\end{cases} \tag{8}$$

热管的传热量 Q 为：

$$Q=\alpha\times F\times\Delta T(t) \tag{9}$$

上式中，$\Delta T(t)$ 为热管周围土体温度与环境温差。计算中，埋设路基内部的热管部分将 Q 以线性热流形式加载[117]，热管工作的启动温差取 -0.2 ℃[140]。

4.4.3.4　模型验证

为了验证计算模型，将数值计算结果和现场实测地温进行对比，如图 4-8 所示。由于试验工程斜插热管路基在 9 月底、10 月初达最高温度，且在路基完成后第 3 年已出现纵向开裂。因此，选择 2009 年 10 月 1 日天然场地温进行初始地温场验证，如图 4-8（a）所示，选择 2011 年 10 月 1 日路基各位置处地温场分布验证热管降温效果，如图 4-8（b～f）所示。经过比较发现，除路基阴坡路肩下地温偏差稍大以外，路基其他各位置处计算结果均与实测地温分布状况基本相符。路基阴坡路肩下的地温偏差将使得路基阴坡路肩处产生的沉降变形相比实测变形量幅度稍偏大，但路基主裂缝主要位于阳坡侧半幅内，该偏差对该裂缝的形成影响较小。因此，该计算模型仍然可被合理用于对裂缝的形成机理进行分析。

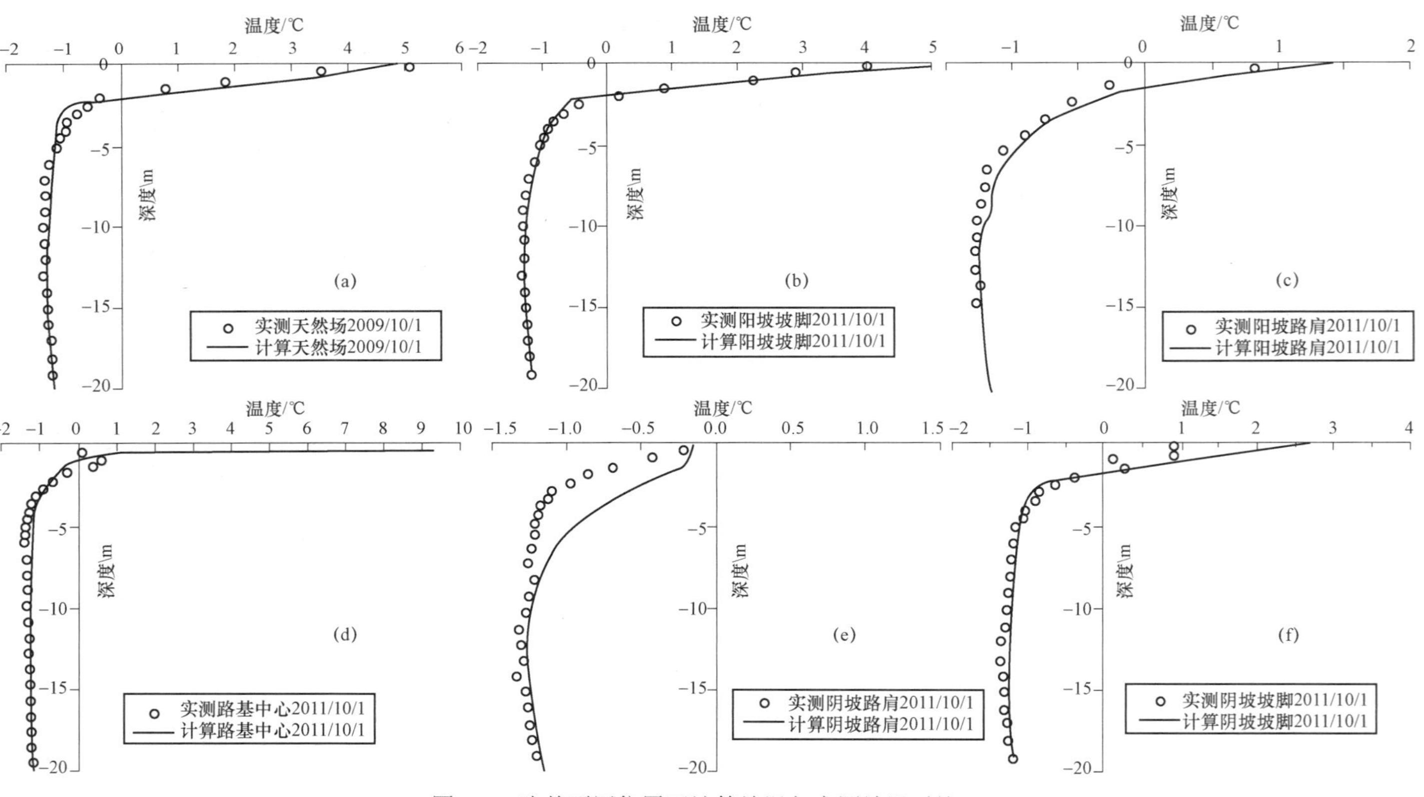

图 4-8 路基不同位置下计算地温与实测地温对比

（a）天然场地；（b）阳坡坡脚；（c）阳坡路肩；（d）路基中心；（e）阴坡路肩；（f）阴坡坡脚

4.4.4 斜插式热管路基纵向裂缝形成机理分析

4.4.4.1 路基内地温变化过程

图 4-9 为计算条件下 2011 年 10 月 1 日路基内地温场分布，图中，横坐标表示路基横截面内位置，横坐标原点表示路基中心位置，纵坐标表示路基深度，纵坐标原点表示天然地表。由图可以看出，路基下冻土上限相比原天然冻土上限有所上升，其中，路面下区域的冻土上限已基本上移至原天然地表附近位置。根据图 4-9 所示地温场分布状况，路基可以划分为三个主要地温区：地温区 A，位于路基中心区域，约从横坐标－2.5～2.5 m，该区域内地温较原天然场地有所降低，且在暖季结束后仍然保留低温冻土核；在路基中心区域两侧，地温区 B 约从横坐标－11～－2.5 m，地温区 C 约从横坐标 2.5～11 m，两个地温区内土体温度相比原天然地温均有所上升，且高温冻土层厚度较原天然场地有所增加。

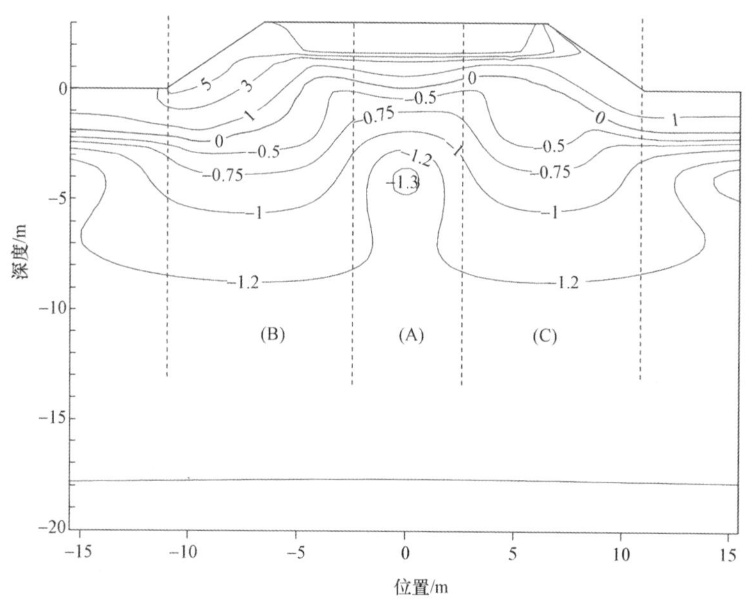

图 4-9　2011 年 10 月 1 日高速公路斜插式热管路基计算地温场

为了研究斜插式热管路基内地温响应特征，分别对路基以上 3 个地温区内地温变化过程进行分析。图 4-10 所示为路基完成后 10 年时间内不同位置下地温变化过程，分别取阳坡路肩、路基中心和阴坡路肩下地温变化代表路基 3 个地温区温度变化进行分析。

在路基阳坡路肩下，如图 4-10（a）所示，年最大融化深度随时间仅呈小幅度的上升趋势，但是，下伏冻土地基的温度相比原天然地温场有所上升。由于受阳坡吸热作用的影响，且与热管的距离较大，热管在路基阳坡路肩处表现的降温效能不显著。在路基中心下，如图 4-10（b）所示，年最大融化深度随时间快速上移至原天然地表以上位置，而下伏冻土地温持续下降，最低温度达 −4.0～−3.0 ℃，并使得低温冻土层厚度逐渐增加。在阴坡路肩下，如图 4-10（c）所示，年最大融化深度快速上移至原天然地表以上，地基处于降温过程。

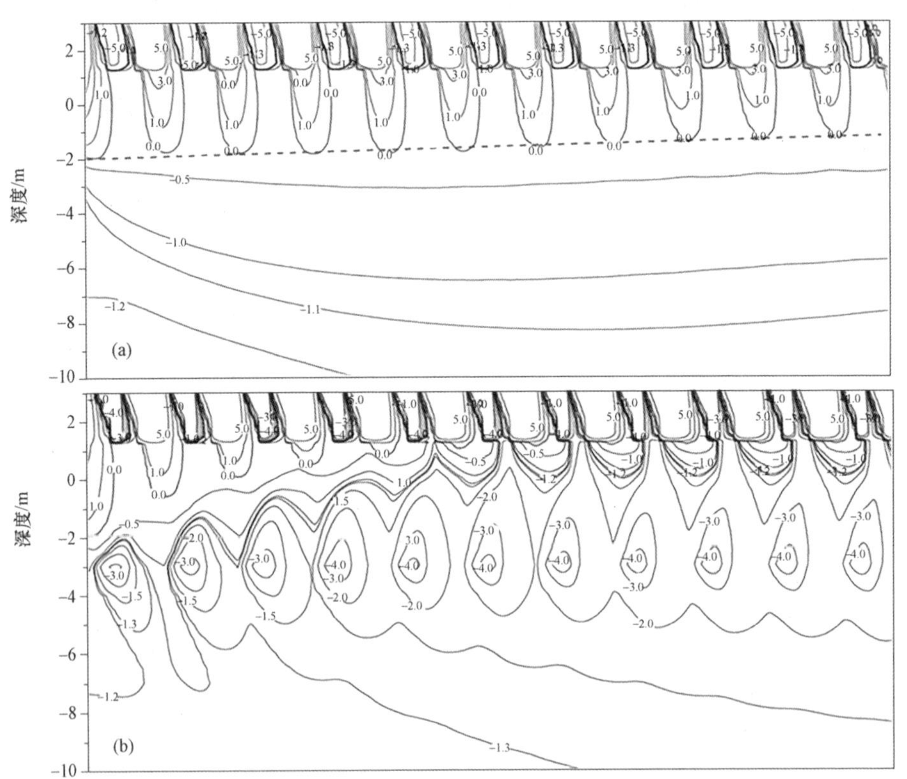

图 4-10　高速公路斜插式热管路基不同位置下地温变化过程

（a）阳坡路肩；（b）路基中心

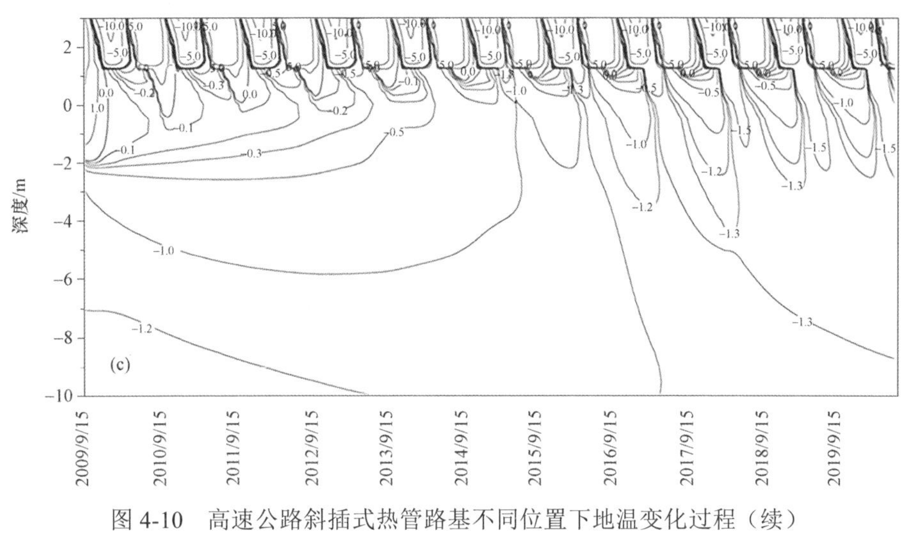

图 4-10　高速公路斜插式热管路基不同位置下地温变化过程（续）

（c）阴坡路肩

通过比较以上地温变化过程可以发现，在斜插式热管局部降温作用下，路基内不同区域内地温变化过程呈较显著的差异。图 4-11 所示为路基不同位置下地温特征变化曲线。图 4-11（a）为路基各位置下最大融化深度随时间变化曲线，由图可以看出，在路基中心和阴坡路肩下最大融化深度位置持续上移，在阳坡路肩、阳坡坡脚和阴坡坡脚下最大融化深度位置相比初始位置变化较小。图 4-11（b）为路基各位置下 – 3 m 深度处年最高温度变化曲线，由图可以看出，路基中心下地温随时间快速、显著下降，而其他位置处均出现不同程度的升温。此外，路基阴阳坡面的温度差异也将加剧路基内地温场分布的差异性，使得路基阳坡路肩下的最大融化深度和土体温度均较大于阴坡路肩处。

4.4.4.2　路基变形特征及应力状态

为研究斜插热管路基产生的变形特征，下面将对计算至第 3 年每月的路基变形进行分析。图 4-12 为计算条件下第 3 年每月路基各位置处产生的变形分布曲线，横坐标表示路基底面的位置，横坐标原点表示路基中心，负方向指向阳坡坡脚，正方向指向阴坡坡脚；纵坐标表示在路基底面产生的变形，

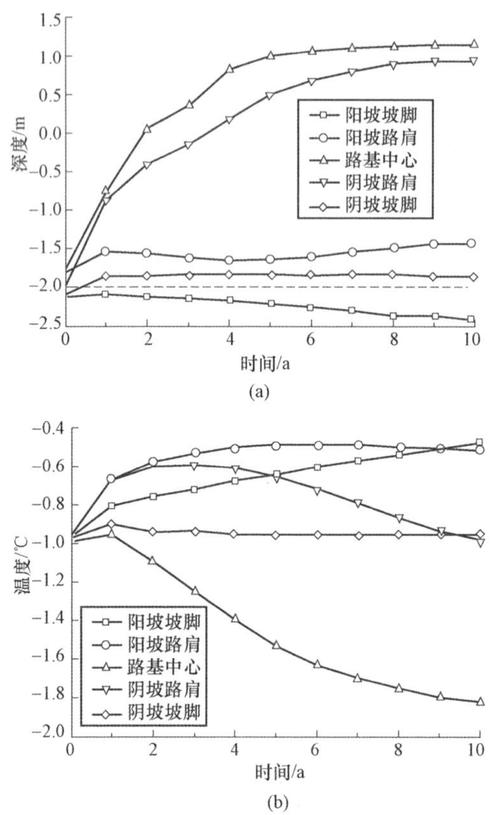

图 4-11　高速公路斜插式热管路基内地温特征变化曲线：

（a）年最大融化深度；（b）－3 m 深度处年最高地温

负值表示沉降变形，正值表示冻胀变形。由图 4-12 可以看出，路基每月产生的差异性变形分布规律基本一致，根据变形曲线特征可近似划分为图中所示的 5 个区段：A 区位于阳坡坡面下、横坐标－11～－6.5 m，从阳坡坡脚至阳坡路肩，路基变形由冻胀变形逐渐转变为沉降变形，且沉降变形量逐渐增大；B 区位于路面阳坡侧半幅下、横坐标－6.5～－2.5 m，从路基阳坡路肩指向路基中心，沉降变形量逐渐减小，且路基变形逐渐转变为冻胀变形；C 区位于路基中心区域下、横坐标－2.5～2.5 m，路基主要呈冻胀变形，且冻胀变形量较小；D 区位于路面阴坡侧半幅下、横坐标 2.5～6.5 m，随着靠近阴坡路肩，路基变形逐渐由冻胀变形转变为沉降变形，且沉降变形量逐渐增大；E

区位于阴坡坡面下、横坐标 6.5～11 m，从阴坡路肩指向阴坡坡脚，沉降变形量逐渐减小，且路基变形逐渐转变为冻胀。路基沉降变形量极大值出现在路基两侧路肩下，且阳坡路肩处大于阴坡路肩处，而最大差异变形主要出现在 B 区内，最大值约达 35 cm。

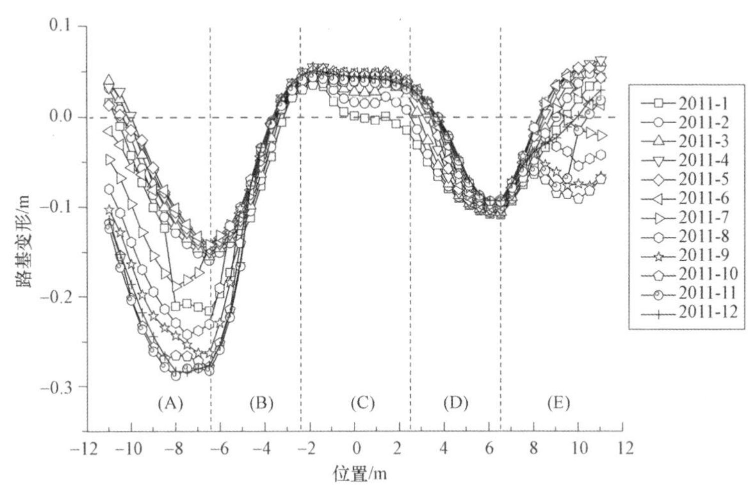

图 4-12　计算第 3 年（2011 年）每月高速公路斜插式热管路基变形曲线

结合图 4-10、图 4-11 中地温变化特征，路基中心区域产生的冻胀变形主要由冻土上限上升和下伏冻土地温降低引起，而其他区域产生的沉降变形主要来源于下伏高温冻土压缩、蠕变。在计算路基力学特性过程中，路基变形主要取决于地基土体材料性质和上覆路基填土。在路基两侧坡面下，地温场分布比较平整，如图 4-9 所示，但该区域内从坡脚至路肩，随着路基填土厚度的增加，对下伏地基的压力也随之增大，这使得出现 A、E 区内沉降变形趋势。在 B、D 区内，从路肩至路基半幅中心，对下伏地基的压力基本保持不变，但从路肩至路基半幅中心地温呈逐渐降低趋势。由于高温冻土压缩系数随温度降低呈指数形式衰减[5]，这使得该区域内路基沉降变形幅度逐渐减小，并逐渐转变为冻胀变形。在路基中心下 C 区内，冻土上限上升和下伏冻土地温下降均促进路基发生冻胀变形。

此外，路基阴阳坡面温度差异也将加剧路基差异性变形的产生[37]，导致阳坡路肩处的沉降变形量大于阴坡路肩处。如图 4-12 所示，在阳坡坡面下区域的变形随时间变化幅度较大，尤其是从 6 月开始增大，至 11～12 月达最大值，因此，我们可以对 12 月 1 日路基应力状态进行代表性分析。图 4-13 所示为在路基变形作用下，在路基顶面 X 方向产生应力、应变特征，图中，横坐标表示路基顶面位置，圆点表示路基中心，负方向指向阳坡路肩，正方向指向阴坡路肩。对于路基顶面的应力、应变状态，在 – 5.0～4.0 m 区间内呈拉应力、拉应变，如图 4-13 所示，最大拉应力出现在路基顶面约 – 2.5 m 处。对于沥青混凝土路面，劈裂强度远小于其抗压强度，因此，更容易发生拉裂破坏，而该潜在拉裂破坏的位置位于最大拉应力处。

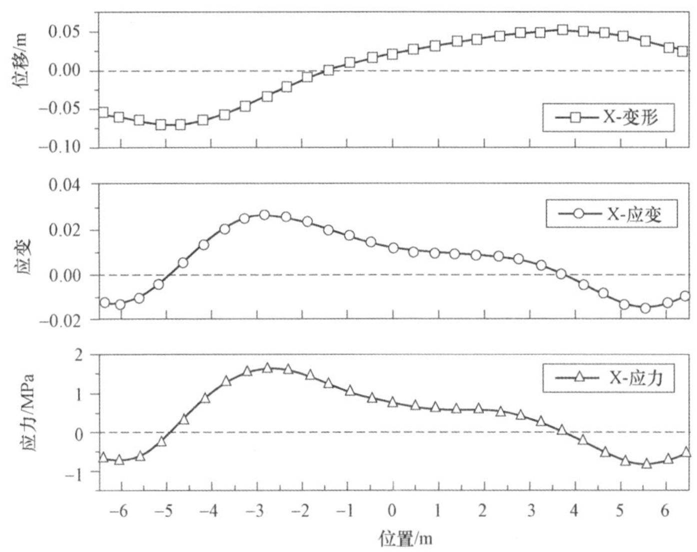

图 4-13　计算第 3 年 12 月 1 日斜插式热管路基顶面应变、应力水平 X 方向分量分布曲线

4.4.4.3　路基潜在纵向裂缝出现的时空特征

综合路基内地温变化、路基变形及应力状态，纵向开裂萌发过程为：斜插式热管较为集中地对路基中心区域进行降温，这使得路基中心区域下地基

土体温度呈下降趋势，而其他区域仍然呈升温趋势；在路基内不同地温变化趋势的作用下，路基中心区域发生隆起，而其他区域发生下沉，使得路基产生了横向差异性变形；在路基差异性变形影响下，路基内应力状态重新分布，且最大拉应力值出现在路基顶面；当路基顶面最大拉应力超过了上层沥青路面的劈裂强度时，开始出现纵向开裂。

随着路基内地温场变化，路基顶面的最大拉应力及其出现的位置也将相应发生改变。图 4-14 所示为 2010—2011 年每个月路基顶面最大拉应力及出现的位置，图 4-14（b）中，纵坐标表示距路基中心的距离，负值表示位置在路面阳坡侧半幅。由图 4-14 可以看出，最大拉应力在 1 月至 6 月逐渐减小，从 6 月至 12 月逐渐增加，尽管最大拉应力变化幅度超过 70%，但最大拉应力的位置集中在 – 2.8～ – 1.8 m 较小的范围内。

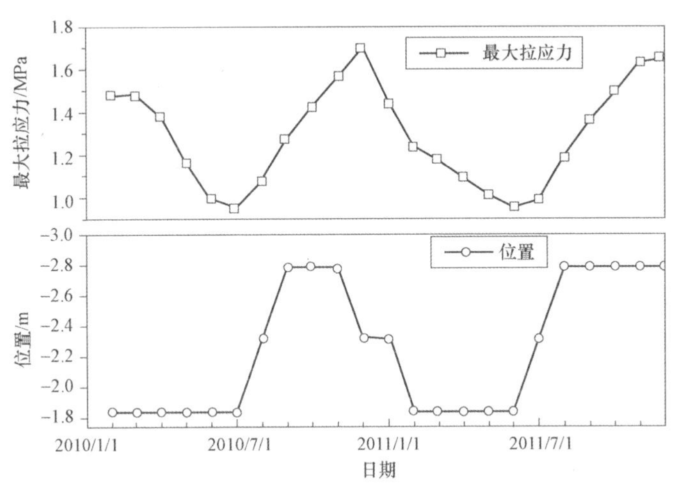

图 4-14　斜插式热管路基顶面最大拉应力及相应的位置随时间变化

在多年冻土区，沥青路面建筑材料主要采用细颗粒沥青混凝土，其劈裂强度大约为 1.2～1.6 MPa。路基纵向裂缝出现的时空特性主要取决于路基应力状态和沥青路面的劈裂强度。在计算条件下，斜插式热管路基纵向开裂可能出现在 2010 年 5 月之前或者 10 月至 12 月之间，而主裂缝可能出

现在 –2.8～–1.8 m，该计算结果与青藏高速公路试验路基观察的结果基本一致。

4.4.4.4 路基纵向裂缝产生的影响因素及其发展趋势

由图 4-12 可以看到，路基产生的沉降变形远大于冻胀变形，前者约是后者的 6 倍。因此，路基差异变形更主要取决于沉降变形，该部分沉降变形主要来源于下伏高温冻土的压缩、蠕变。

对于高温冻土的压缩、蠕变，冻土的压缩系数与土体温度和含冰（水）量有关[5]，随着土体温度升高，冻土压缩系数呈指数形式增大，尤其是在 –1.0～0 ℃；随着土体中含水量的增加，冻土压缩系数呈增大趋势，除了黏土，仅当土体内含水量低于液限（W_L≈40%）时冻土压缩系数随含水量呈增加趋势。根据青藏高速公路试验工程场地钻孔资料显示，该地区属于典型高温、高含冰量冻土区，其下部普遍存在含土冰层和高温冻土。由于斜插式热管仅在路基中心局部区域内产生降温效果，因此路基下冻土压缩系数更主要取决于原天然冻土场地的地质条件和路基表面温度边界。

此外，热管的降温作用在其周围产生的温度梯度将引起水分迁移，这将加剧冻土冻胀变形及路基差异性变形[182]。但是在高原环境下没有充足的水源补给，因此，可以忽略水分迁移的作用。如果在有充足水源补给的环境条件下，由此产生的冻胀变形幅度较大，相应地也将引起更为显著的路基差异性变形。

在计算冻土环境条件下，当斜插式热管路基纵向裂缝出现后，路基的差异性变形将继续发育，如图 4-15 所示为路基最大差异性变形发育趋势，路基最大差异变形随时间逐年增大，但每年增大的幅度却逐年减小，这使得路基最大差异变形将最终达到一个定值。在该路基差异性变形发展趋势作用下，路基纵向裂缝的宽度将相应逐渐增大，并最终达到一个稳定宽度值。

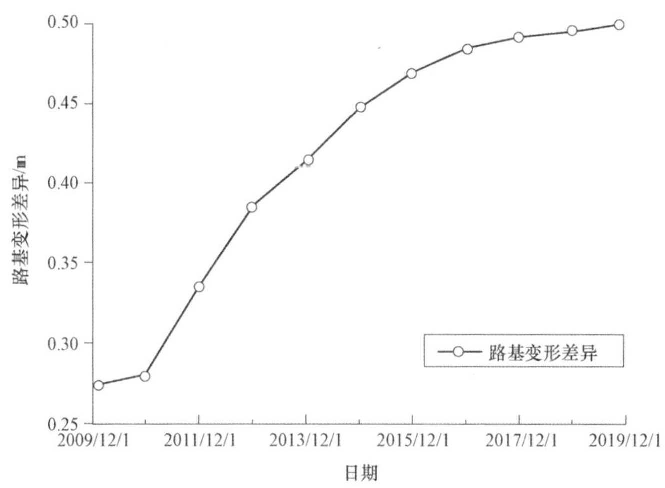

图 4-15　高速公路斜插式热管路基最大差异变形随时间变化曲线

4.5　高速公路热管路基结构改进尝试及效果数值验证

尽管当前热管在冻土路基调控中引起了路基次生工程病害问题，但从已有的研究成果和现场实测地温数据可以看出，热管路基具有优异的降温效能。为了更好地将热管应用于冻土路基稳定性调控，本小节将基于各种热管路基的降温特性对热管路基结构进行改良，并通过数值计算对其改良效果进行验证。

4.5.1　高速公路直插式热管路基降温特性研究

4.5.1.1　数值计算模型

在青藏公路、青藏铁路沿线，热管路基普遍采用直插式安装。为研究在高速公路条件下直插式热管路基调控效果，以青藏高速公路试验路基的实测温度作为边界条件，对高速公路直插式热管路基进行数值计算。计算中，控制方程、路基尺寸、边界条件等参数与本章第四节相同，但热管采用直插式安装，路基结构及物理模型横截面如图 4-16 所示，计算模型厚度为 1.5 m。

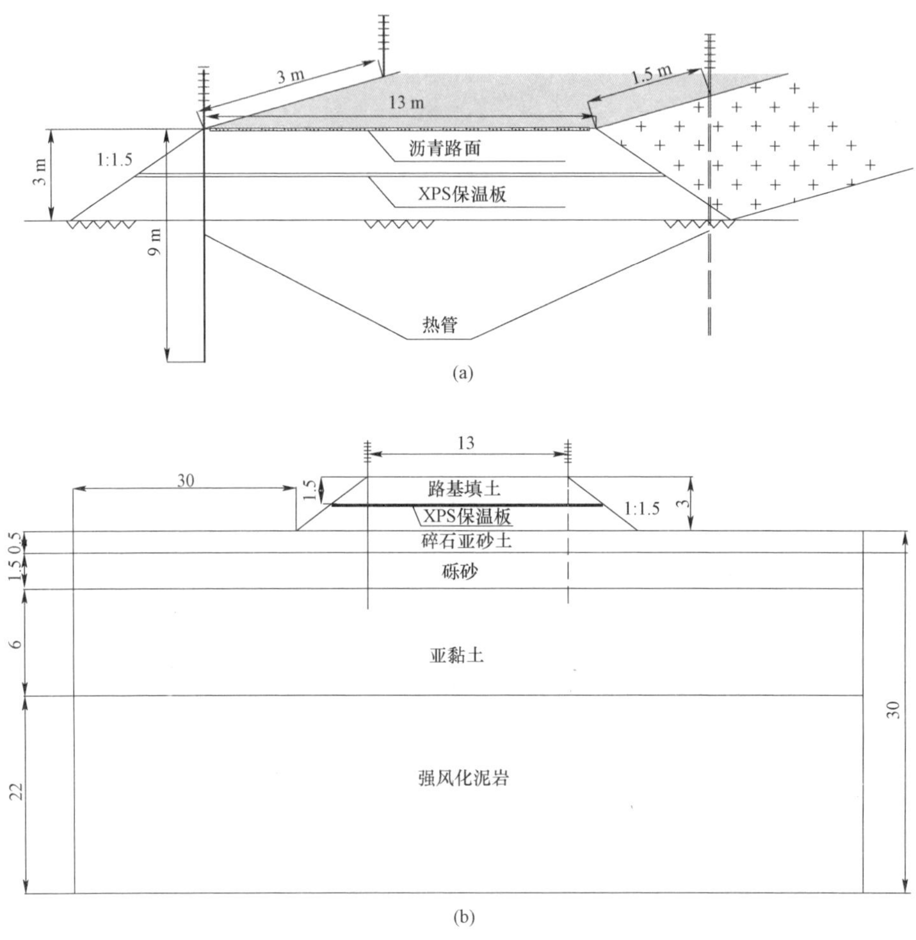

图 4-16 （a）高速公路直插式热管路基结构；（b）物理模型横截面

4.5.1.2 路基内地温响应特征

在直插式热管的降温作用下，路基内地温场分布状况如图 4-17 所示，与斜插式热管路基相似，路基内冻土上限有所上升，但冻土地基降温区域有所不同，主要位于两侧路肩下区域。同样，路基内地温场大致可划分为三个地温区，为此，选取路基两侧路肩、路基中心下地温变化过程作为三个区域内代表性地温变化分析，图 4-18 所示分别为路基阳坡路肩、路基中心、路基阴坡路肩下 10 年内冻土地基地温变化过程。

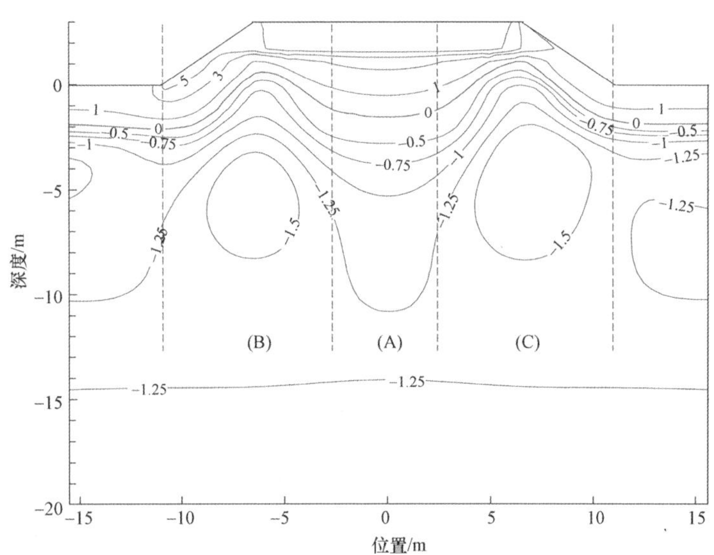

图 4-17　高速公路直插式热管路基第 3 年 10 月 1 日地温场

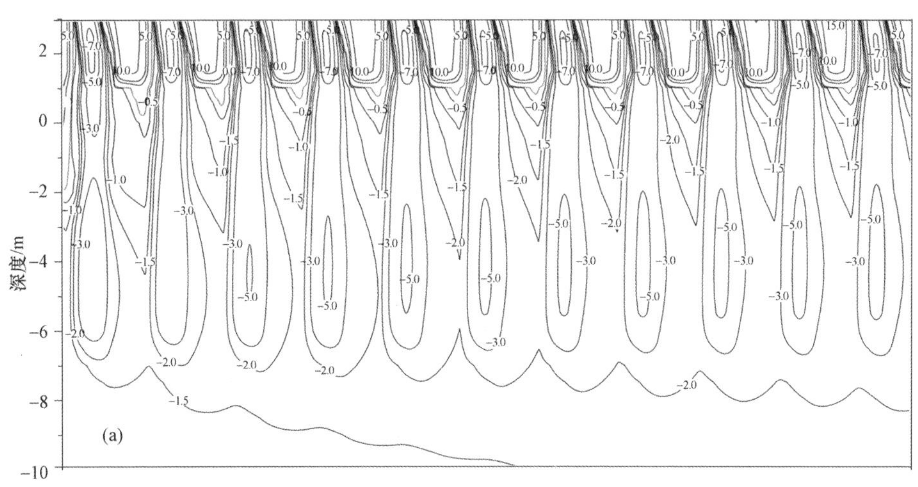

图 4-18　高速公路直插式热管路基不同位置下地温变化过程

（a）阳坡路肩

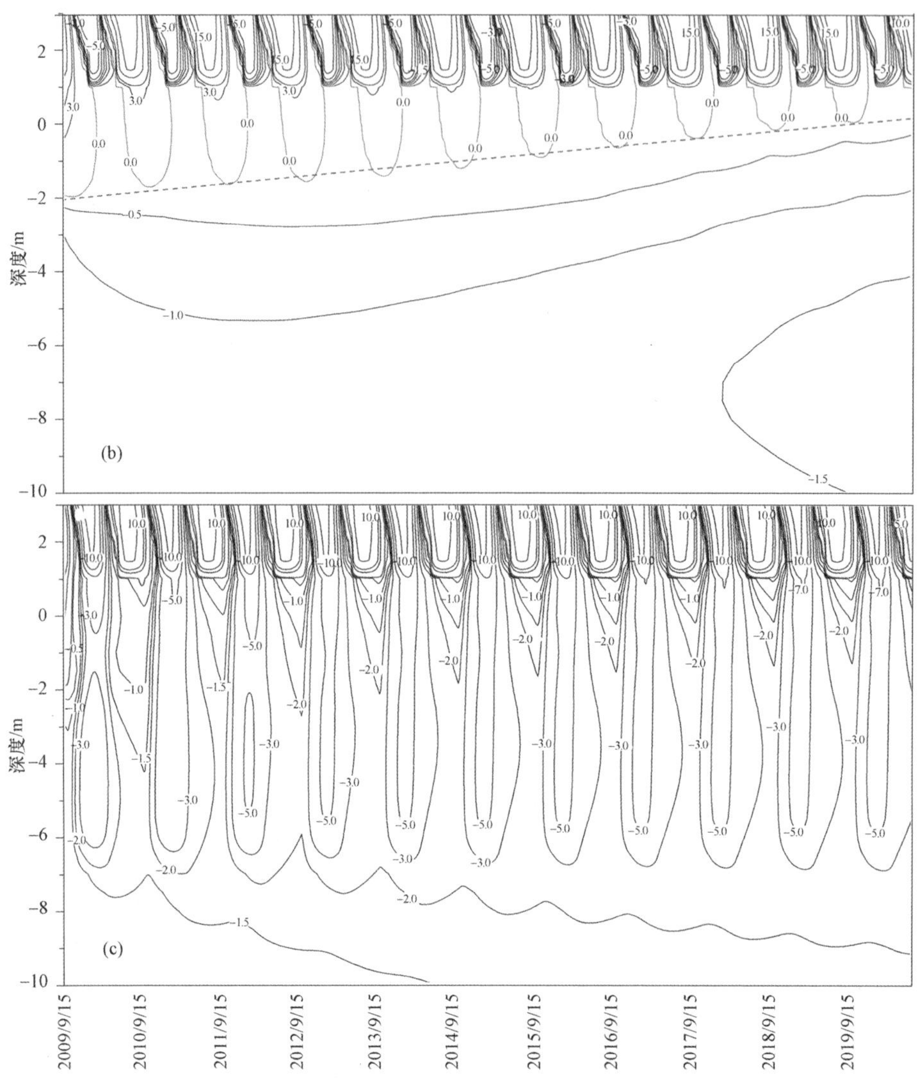

图 4-18　高速公路直插式热管路基不同位置下地温变化过程（续）
（b）路基中心；（c）阴坡路肩

由图 4-18 可以看出，在路基两侧路肩下土体温度变化趋势基本一致，冻土上限在短期内上升至原天然地表以上位置，下部土体温度持续下降，并在冻土地基中形成低温冻土核。在该地温变化特征下，可能在路基该两处位置产生冻胀变形。在路基中心下，冻土上限逐年缓慢上升，但下部冻土地基温度在短期内有所升高，随后持续下降。在该地温变化过程中，该位置处可能在路基完成后初期产生沉降变形。路基下各位置下地温变化趋势如图 4-19 所示，路基中心区域地温较长时间段（路基完成后约 8 年）内高于天然场地，而其他位置处均不同程度低于天然场地。由此可见，直插式热管路基从两侧路肩下开始发挥降温效能，而在路基中心区域下的降温效应相比路肩下区域有较大延迟性，导致路基内不同位置下地温变化趋势产生较显著差异，该差异性地温变化将可能引起路基产生差异性变形。

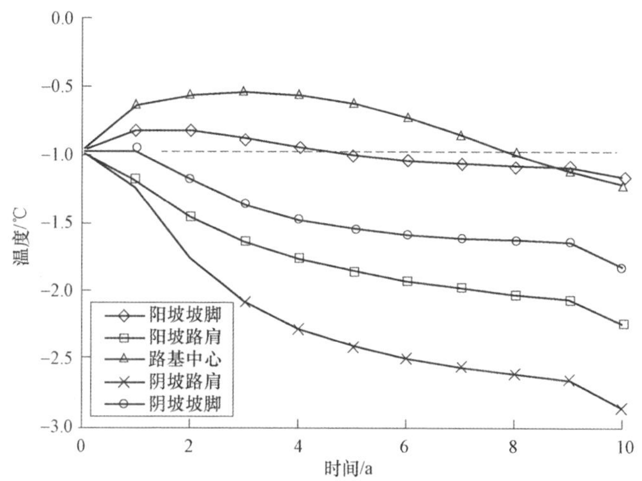

图 4-19　高速公路直插式热管路基各位置下 − 3 m 处年最高地温变化

4.5.1.3　路基变形特征及应力状态分析

在两侧路肩上的直插热管路基作用下，冻土路基各月产生的变形特征如图 4-20 所示。热管的调控作用仅在热管安装的位置附近区域比较明显，在路基两侧路肩处主要表现为冻胀变形；在路基中心区域内降温效果比较微弱，该区域内主要表现为沉降变形，路基中心最大沉降变形量超过 25 cm；在两侧坡面下，路基随时间呈周期性的沉降和冻胀变形，且阳坡坡面下产生的最大沉降变形稍大于阴坡坡面下的沉降变形量。

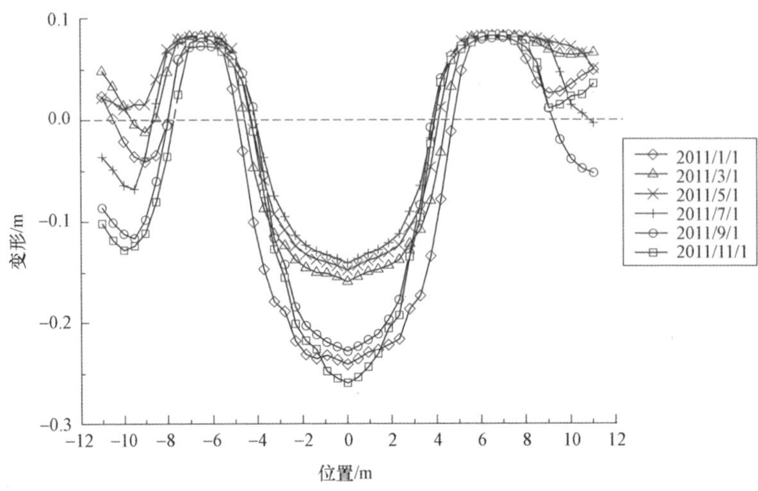

图 4-20　计算第 3 年每月高速公路直插式热管路基变形曲线

同样，选取在 11 月初路基变形作用下引起的应力状态进行分析，如图 4-21 所示分别为路基顶面和两侧坡面上应力分布曲线。在路基顶面上，两侧路肩附近区域出现拉应力极值，尤其是在阳坡路肩处附近位置出现拉应力最大值。此外，路基两侧坡面区域内应力分布如图 4-21（b）所示，在阳坡坡面上半部分靠近路肩位置出现最大拉应力值。因此，在该路基应力状态下，在阳坡路肩附近的路基顶面和坡面位置最可能出现开裂破坏。

4.5.2　热管路基结构改良尝试及其效果验证

为了更好地将热管运用到高速公路路基调控中去，结合直插式、斜插式热管路基内地温变化特性，对热管路基结构进行优化，并通过计算结果验证改良路基结构的调控效果。

4.5.2.1　热管路基改良结构及计算模型

在多年冻土区，首要考虑通过改变路基内地温状况来改善路基变形。综合斜插式热管路基和直插式热管路基内地温响应特性，斜插式热管路基降温效果集中在路基中心区域，直插式热管路基降温效果集中在两侧路肩下区域，因此，尝试将热管同时按两种安装方式应用于冻土路基，如图 4-22（a）所示，路基同一侧路肩上相邻两热管间距为 1.5 m，热管按直插式-斜插式交替埋设，而在路基同一横截面内两侧路肩处的热管按直插式-斜插式成对埋设。为验证该路基结构的调控效果，对其进行数值计算，计算物理模型如图 4-22（b）所示。

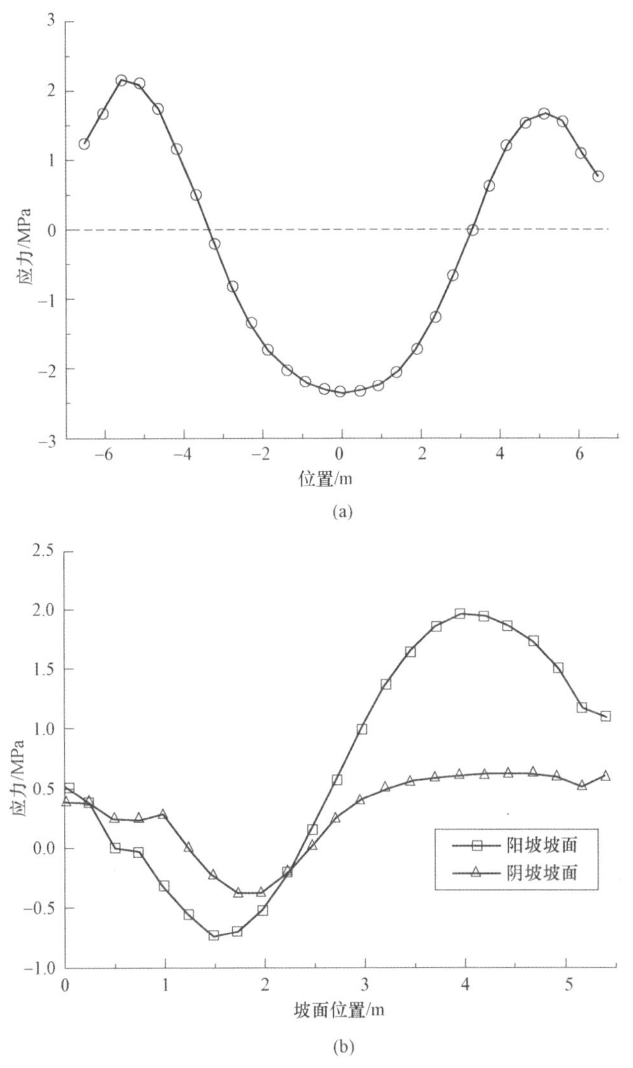

图 4-21　计算第 3 年 11 月 1 日直插式热管路基表面应力分布曲线：
（a）顶面应力水平 X 方向分量；（b）两侧坡面应力坡向分量

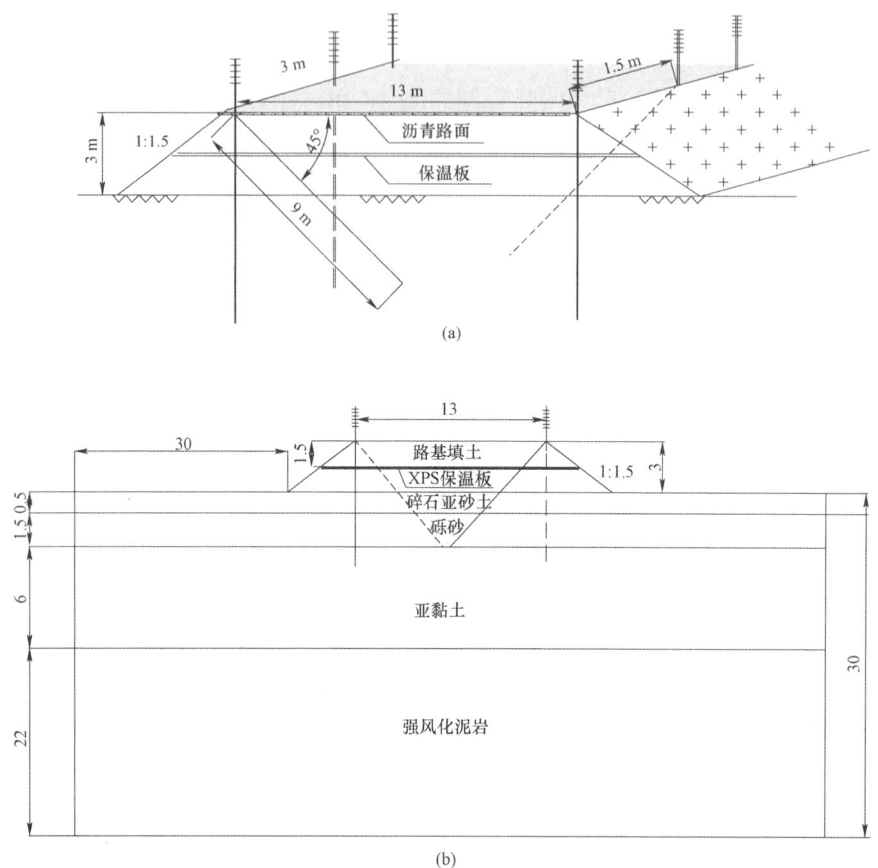

图 4-22 （a）高速公路斜插-直插式热管路基结构；（b）物理模型横截面

4.5.2.2 路基内地温响应特征

在冻土区，将热管同时按直插、斜插两种方式交错安装在路基两侧。在热管调控作用下，路基内地温场如图 4-23 所示，在路基内三个地温区域内地温特征均表现为冻土上限上升、下伏多年冻土温度下降，并均形成低温冻土核。同样，对路基两侧路肩、路基中心下地温变化过程进行代表性分析，各区域下地温变化状况如图 4-24 所示。

从图 4-24 中可以看出，在热管的降温作用下，路基完成后在三个区域内土体温度变化特征基本相似，冻土上限位置快速上移至原天然地表以上位置，尤其是路基两侧路肩下，下伏地基地温持续下降，并生成新的低温冻土核。路基各位置下 −3 m 深度处地温变化曲线如图 4-25 所示，除阳坡坡脚下

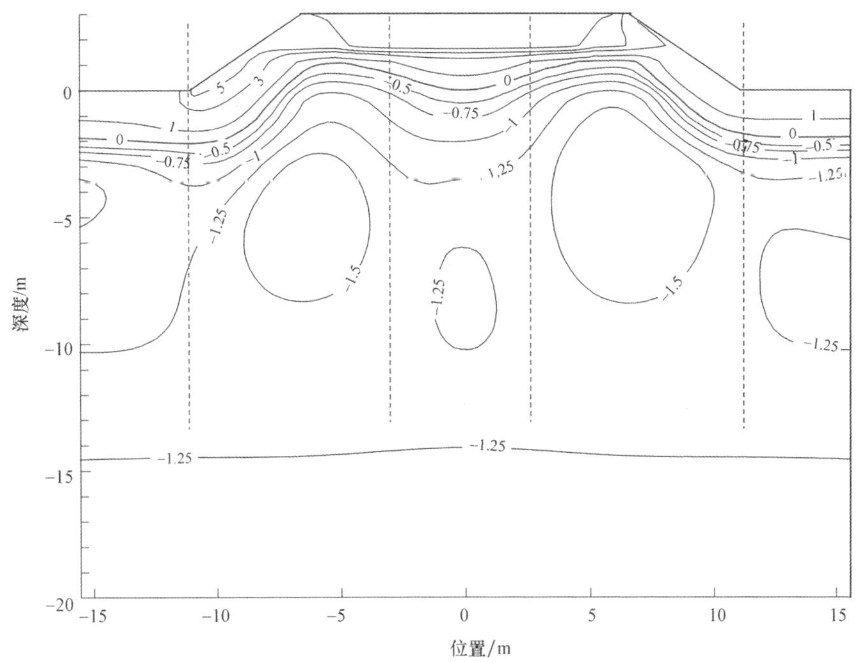

图 4-23 计算第 3 年 10 月 1 日高速公路直插 – 斜插式热管路基地温场

在大约 4 年内土体温度较原天然场地高，其他位置下温度在短期内均降低至原天然场地温度以下，且随时间呈不同程度的降温趋势。在该地温响应特征下，冻土路基沉降变形状况将可能得到大幅度的减小和改善。

4.5.2.3 路基变形特征及应力状态分析

相比斜插式热管路基，改良后的热管路基内地温响应特征差别较大，尤其是在路基两侧路肩下区域。随着路基地温变化过程的改变，路基表现出的变形特征也将有所差异，如图 4-26 所示为 2011 年每两个月初路基变形曲线，负值表示沉降变形，正值表示冻胀变形。根据如图 4-26 所示路基变形分布曲线，可将路基大致分为 3 个特征区域，如图中竖向虚线划分所示，虚线位置位于路基两侧路肩。在路基中间区域，即位于路基顶面下对应区域，路基变形基本呈小幅度的冻胀变形，最大冻胀量约为 8 cm；在路基两侧坡面下，从路肩至坡脚，路基冻胀变形逐渐减小，并转变为沉降变形，沉降变形量逐渐

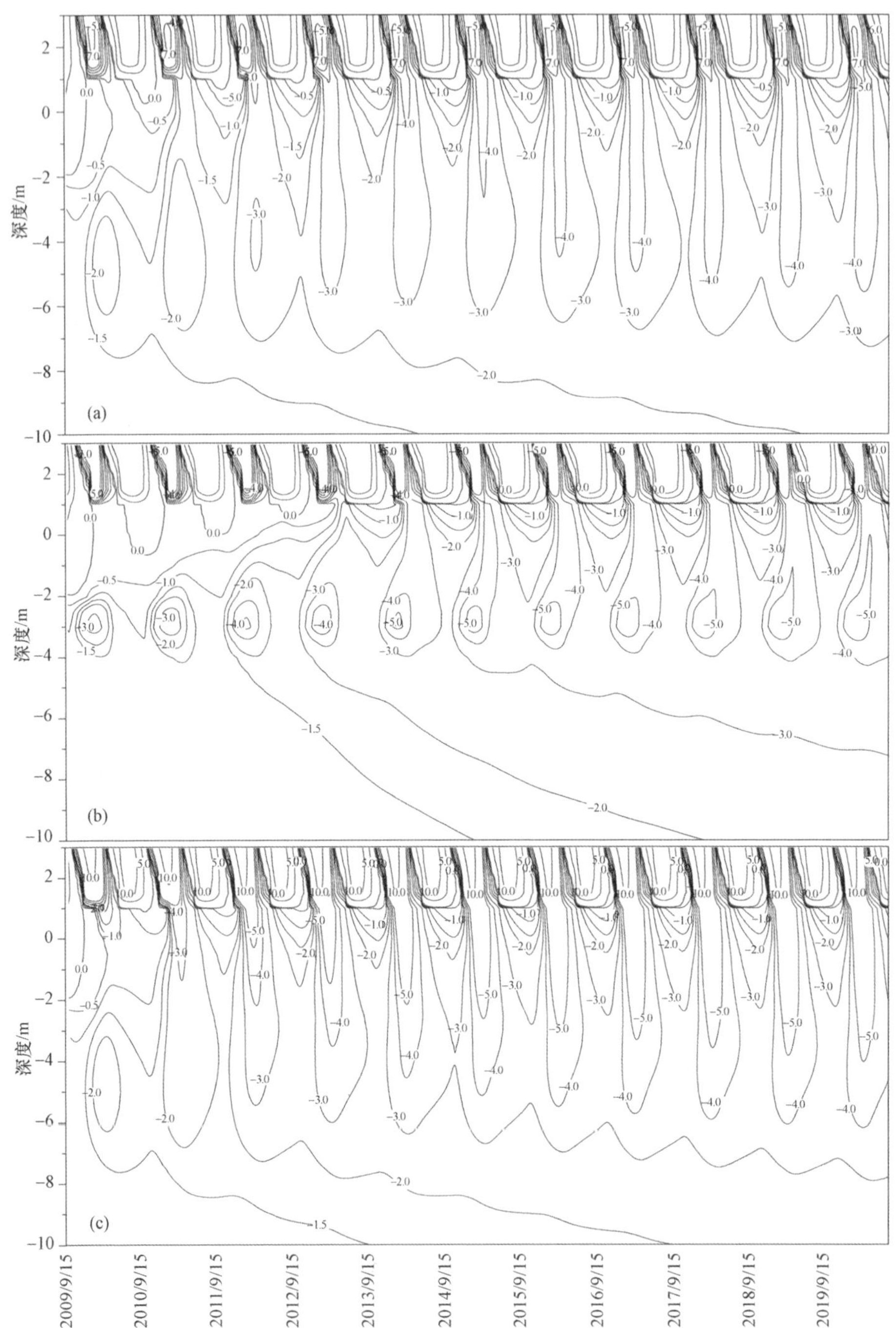

图 4-24 高速公路直插-斜插式热管路基不同位置下地温变化过程

（a）阳坡路肩；（b）路基中心；（c）阴坡路肩

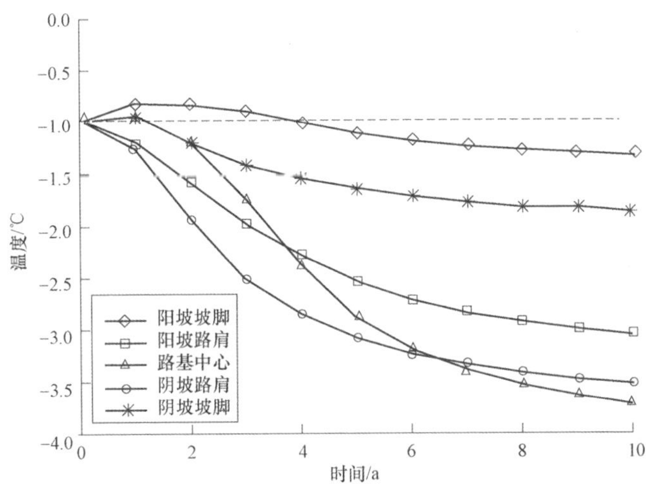

图 4-25　高速公路直插-斜插式热管路基各位置下 − 3 m 处年最高温变化曲线

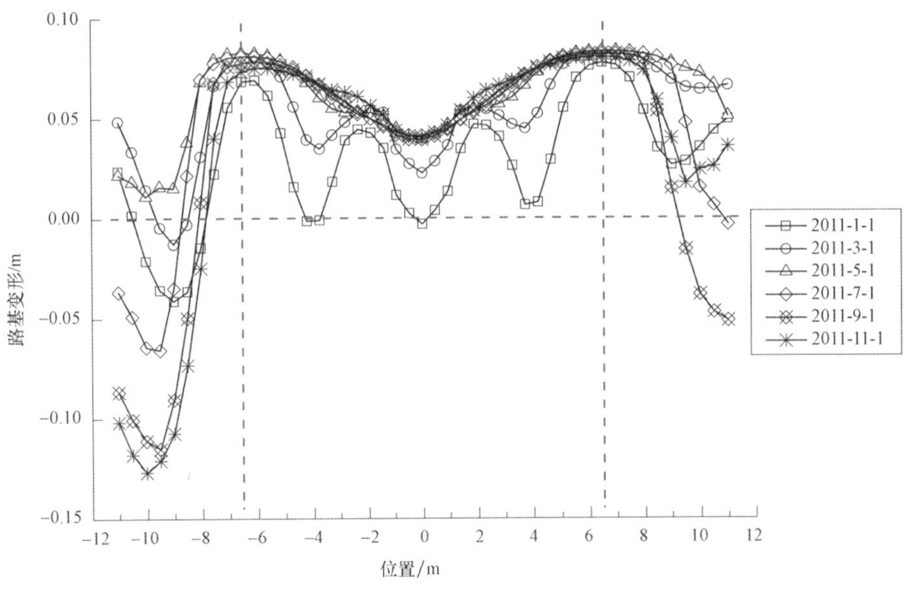

图 4-26　计算第 3 年（2011 年）各月高速公路直插-斜插式热管路基变形曲线

增大，最大沉降变形量约为 12 cm。结合路基内地温特征，该路基结构条件下产生的沉降变形主要来源于下部高温冻土压缩、蠕变变形，冻胀变形主要来源于冻土上限上升和下部冻土温度降低引起的冻胀。

在路基两侧坡脚之间范围内，路基最大沉降变形出现在阳坡坡脚附近位置，相比斜插式热管路基最大沉降变形（见图 4-12）减少了约 60%；在路基顶面对应区域内，路基变形均为冻胀变形，路基发生沉降变形的区域范围相比斜插式热管路基减少了约一半，且该范围内路基变形变化幅度较小，路基顶面相对更为平整，顶面范围内最大差异变形约为 7 cm，相比斜插式热管路基减少了约 80%。在整个路基范围内，路基最大差异性变形出现在阳坡坡面范围内，约发生在 11 月初，最大差异变形量约为 20 cm，相比斜插式热管路基减少了约 40%。在该路基变形作用下，路基的应力状态有所改变。由图 4-26 可以看出，路基最大差异性变形出现在 11 月初，路面下区域内在 1 月初变形起伏最显著，因此，从安全角度考虑，分别选取 1 月和 11 月初路基变形条件下引起的应力状态进行分析。

如图 4-27 所示为在 2011 年 1 月和 11 月初路基变形作用下，在路基顶面产生的应力 *X* 方向分布状况。由图 4-27 中曲线分布特征可以看出，路基顶面最大拉应力在 11 月初出现在路基阳坡路肩附近位置，从路基两侧路肩至路基中心，拉应力总体呈减小趋势，并逐渐转变为压应力。在 1 月初路基起

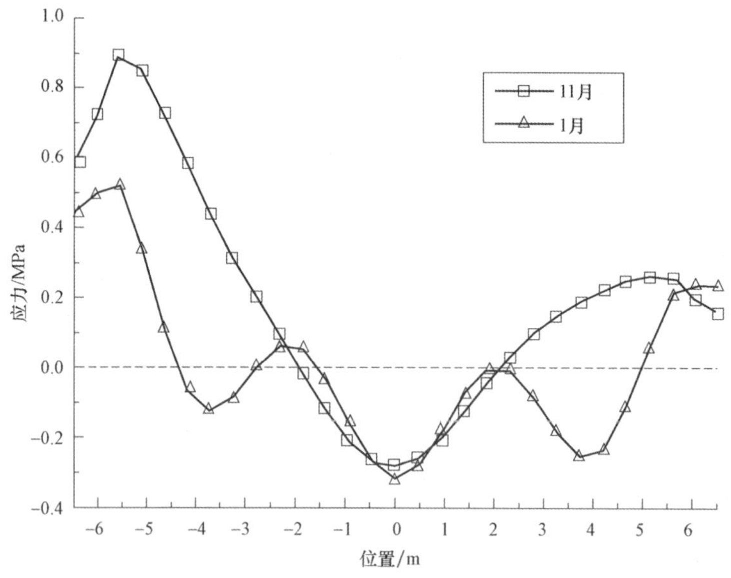

图 4-27　计算第 3 年 1 月、11 月 1 日直插-斜插式热管路基顶面应力水平 *X* 方向分布曲线

伏波动的变形作用下，路基顶面主要以压应力为主，仅在两侧路肩附近区域内呈拉应力状态。该路基结构下顶面最大水平拉应力值约为 0.85 MPa，相比斜插式热管路基约减小了一半，这将大幅度减小路基顶面产生纵向开裂的可能性。

然而，尽管路基顶面的应力状态得到了较好的改善，但路基坡面上应力状态却加剧了潜在病害发生的可能性,路基阳坡坡面上应力分布曲线如图 4-28 所示。由图 4-28 可以看出，在路基阳坡下半部分坡面区域内主要呈压应力状态，而上半部分坡面区域内呈拉应力状态，最大拉应力值约为 1.2 MPa，出现在路肩附近区域。由于在阳坡坡面上无其他附属结构来抵御该拉应力，这将促进路基坡面上工程病害的产生。路基坡面区域内该应力状态主要由该区域小范围内差异性变形引起，该差异性变形的来源包括坡面下半部分区域下的沉降变形和上半部分区域下的冻胀变形，其中，最大沉降变形量约是冻胀变形量的 2 倍。为减少该区域由高温冻土压缩、蠕变产生的沉降变形，可进一步结合坡面调控措施，减少由阳坡坡面进入路基的热量，如在路基阳坡设置块碎石护坡等。

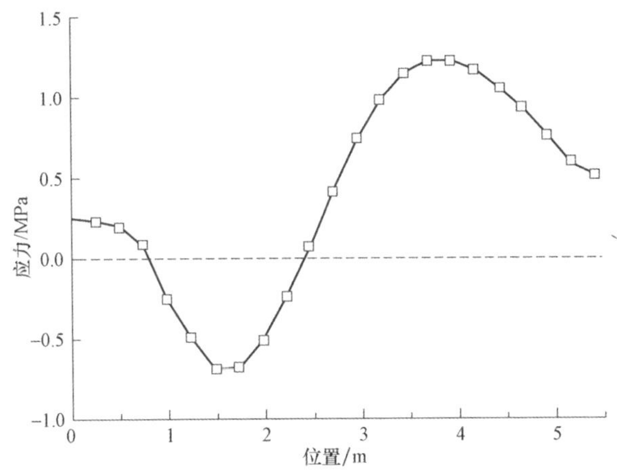

图 4-28　计算第 3 年 11 月高速公路直插-斜插式热管路基阳坡坡面上应力坡向分量分布

4.6 本章小结

在本章中，主要对青藏高速公路试验工程内斜插热管路基段出现的纵向裂缝形成机理进行了研究。基于试验路基现场实测温度边界，对高速公路斜插式热管路基内热-力变化过程进行数值计算，从路基地温响应、路基变形和应力状态等变化过程分析了路基纵向裂缝产生的内在机理，并讨论路基纵向裂缝出现的时空特性、发展趋势及影响因素。此外，结合斜插式、直插式热管路基的调控效能特征，尝试对热管路基结构进行优化，本章主要得出以下结论。

（1）斜插热管路基横向内不同位置下地温变化过程存在显著的差异性。斜插热管的降温效果主要集中在路基中心区域，但在路基阳坡下的地基中降温效果不明显，导致路基中心区域下地温下降、阳坡路肩下地温升高，在路基横向内地温呈差异性变化趋势。

（2）斜插热管路基横向内产生不均匀变形。在路基中心区域，路基表现为小幅度的冻胀变形，在路基阳坡路肩及两侧区域呈较显著的沉降变形，在约 4 m 宽度范围内路基变形差异达 33 cm。造成路基产生不均匀变形的根本原因是热管的线性、局部降温作用引起路基内温度场呈不均匀变化趋势，以及路基阳坡坡面的吸热影响。

（3）斜插热管路基产生的不均匀变形引起路基内应力重新分布，并在路基顶面出现最大拉应力。计算结果显示，最大拉应力位置出现在路基顶面阳坡侧半幅内、距路基中心约 1.8～2.8 m 范围内，当路基顶面的最大拉应力超过路面沥青混凝土的劈裂强度时，路基发生纵向开裂，该结果与试验路基现场的主裂缝分布位置基本一致。路基纵向裂缝最早产生的时间约在路基完成后第 2 年的 5 月之前或者第 2 年 10～12 月。

（4）改进热管路基结构，优化工程措施降温效果。斜插热管路基的降温效能主要位于路基中心区域，该路基的横向差异变形中，最大沉降变形量约是最大冻胀变形量的 6 倍，沉降变形主要来源于阳坡路肩下高温冻土的压缩、蠕变。直插热管路基的降温效能主要位于路基路肩下区域，这能针对性地解决斜插热管路基阳坡路肩处的沉降变形问题。因此，我们提出斜插-直插交替式热管路基结构，即在路基两侧路肩处，热管均按照直插式、斜插式两种方式交替安装。为了进一步削弱路基阳坡吸热的影响，可在阳坡坡面上设置坡面调控措施。在该新型热管路基条件下，其产生的路基最大变形将比斜插热管路基减小一半。

第 5 章　冻土高速公路通风管－空心块层复合路基降温特性研究

5.1 引　言

伴随着气候变暖，在过去 50 年里青藏高原上多年冻土已经发生了较为可观的退化，该退化过程在范围和深度上将持续进行。与气候变暖相比，道路工程的修筑及维护对多年冻土热状态影响更加显著，尤其是在年平均地温高于－1.0 ℃的高温冻土区。根据青藏公路沿线地温监测结果显示，沥青路面的吸热作用将导致土体表面温度升高 8～14 ℃，路基的融化期将延长 1～2 个月。在公路投入运营之后，路基下冻土上限持续下降，土体温度持续升高，由此产生显著的路基沉降变形，并引起各种路基工程病害。

在青藏铁路和青藏公路的建设和修复过程中发现，采用“主动冷却”方法修筑能有效解决或缓解路基工程病害问题，尤其是在高温冻土区。然而，与公路、铁路路基不同的是，高速公路宽幅路基呈更强的吸热状态，将使得路基填土和下伏冻土地基之间产生更剧烈的热交换作用，过去已经获得的修筑经验和研究成果可能将难以直接应用于高速公路的建筑中。此外，高速公路更高的建筑标准意味着高速公路路基修筑和维护中须满足更高的要求，高速公路路基修筑方案的选择将影响到高速公路在修筑和运行过程中的长期稳定性，并牵涉到对周边脆弱的生态和多年冻土环境的保护问题。针对这些问题，当前更倾向于采用分离式路基形式进行修筑来减小由于宽幅沥青路面引发的负面影响。

对于冻土区高速公路的修筑问题值得更深入的探讨和研究，本章基于青藏高速公路试验工程中通风管 – 空心块层复合路基的监测结果，借助数值计算方法对该路基结构调控特性进行分析，并将该路基结构拓展到整体式路基形式，对整体式、分离式两种路基结构条件下降温效果进行对比，该对比结果可能影响高速公路修筑方式的选择。

5.2　高速公路通风管 – 空心块层复合路基实测降温效果分析

5.2.1　复合路基结构及降温原理

如图 5-1 我们为青藏高速公路试验工程通风管 – 空心块层复合路基结构，同样，该路基段按照高速公路分离式路基尺寸进行修筑，路基顶面宽度为 13 m，高度为 3 m，边坡坡度为 1:1.5。在路基内部，通风管按垂直路基走向的方向放置在路基内距原天然地表 1.2 m 高的位置，通风管采用预制钢筋混凝土管，管内径为 40 cm，相邻通风管之间的管间距为 1 m；空心块层设置在通风管和原天然地表之间，厚度约为 1 m，空心块之间按照错开堆砌，使得空心块层能上下贯穿，利于层内空气对流，如图 5-2 所示，在路基两侧坡脚处用路基填土将空心块层两侧密封，使其处于封闭状态。

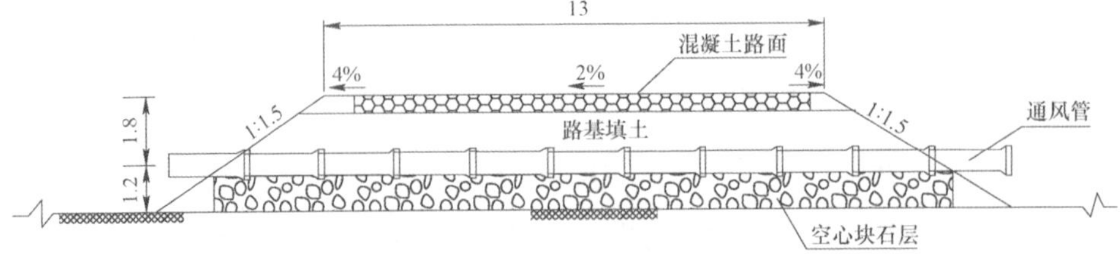

图 5-1　高速公路通风管 – 空心块石层复合路基结构示意图（单位：m）

(a)　　(b)

图 5-2　（a）通风管 – 空心块石层复合路基内部结构图；（b）空心块石层堆砌方式图

在该复合路基内，通风管将路基内部与外界环境连通，冷空气经通风管流过时，通过与管内壁的热对流作用将路基内的热量排出；空心块石层在路基调控过程中表现出单向导热作用，该传热路径如图 5-3 所示：在冷季期间，空心块层底板温度高于顶板温度，这将使得层内下部空气温度高于上部空气温度，下部空气密度小于上部空气密度，在气压差作用下，下部“高温”空气上浮至空心块石层顶部后空气冷却，密度增大，在重力作用下，该“低温”空气下沉至空心块层底部后再受热，从而形成源源不断的空气对流，并将下部冻土地基的热量传递至空心块石层顶板处，再经通风管将热量排出至外界环境；在暖季期间，空心块层顶板温度高于底板温度，使得层内上部空气温度高于下部空气温度，上部空气密度小于下部空气密度。在该状态下，空心块石层内部空气将基本处于静止状态，该过程中主要表现为热传导传热，在一定程度上有利于阻止外界热量传入下部冻土地基中。在不同时期内，空心块层内传热方式的差异将引起其内部温度呈非对称性变化，该结构在应用中表现出较显著的降温效果。

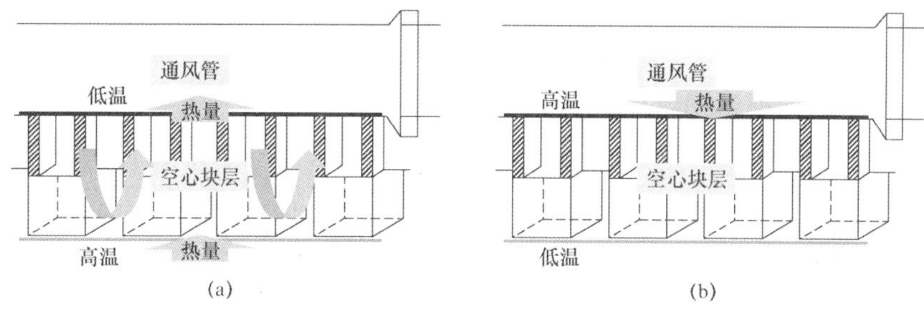

图 5-3　不同时期复合调控措施内部传热路径示意图

（a）冷季；（b）暖季

在当前现有的研究中，块石路基内的块石层也有类似的热效应[126,129,130]。但相比之下，空心块层内部空隙较块石层更大，空气对流通道也相对更规整，更有利于层内空气对流。在暖季期间，空心块层内空气处于基本静止状态，热量传递主要考虑空心块石之间的热传导作用。已有研究成果表明[196]（钱进，博士论文）在垂直方向上等效导热系数为 $\lambda_e = 1\,796$ J·（h·m·K）$^{-1}$，水平方向上等效导热系数为 $\lambda_e = 1\,268$ J·（h·m·K）$^{-1}$。在冷季期间，空心块层内空气处于自然对流状态，热量传递主要考虑垂直方向上的空气对流换热过程，不断将地基中的热量向上传递至上覆路基填土内，而空心块石之间传热导作用传递的热量量级较小，相比前者可忽略不计。根据空心块层内风速探头的实测数据，在冬季期间，空心块石层中的空气对流平均速度为 0.026 m/s，其产生的等效导热系数为 $\lambda_e = 25\,928$ J·（h·m·K）$^{-1}$。

5.2.2　复合路基实测调控效果

青藏高速公路试验工程完成后，层复合路基开始发挥调控效能，路基中心下实测地温如图 5-4 所示。根据当地天然场地地温及钻孔资料，该处年平均地温约为－0.9 ℃，天然冻土上限深度约为－1.9 m，属于典型的高温高含冰量冻土区。试验复合路基完成后，下部冻土地基快速降温，在完成当年，冻土上限上升至 1 m 深度以上位置。从路基完成 1 年之后，不仅冻土上限保持在较浅的深度范围内，而且冻土上限以下的土体也开始降温，尤其是在－10 m 深度以上的土层内，并在暖季结束后残留低温冻土核（T

<－1.0 ℃），冻土核内最低温度呈逐年降低趋势，且低温冻土层厚度逐年增加：在 2010 年最低温度低于－1.0 ℃，2011 年最低温度低于－1.5 ℃，至 2014 年，最低温度降低至低于－2.0 ℃，而低温冻土层厚度也由 2010 年的 12.3 m 增加至 2014 年的 16.8 m。2012 年 10 月 1 日复合路基内地温场分布如图 5-5 所示，不仅产生了范围较大的低温冻土区，且路基下冻土上限比较平整，地

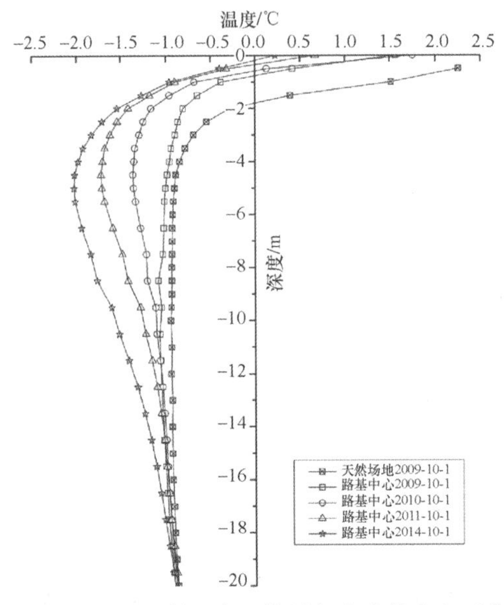

图 5-4　高速公路试验工程通风管－空心块层复合路基中心下实测地温分布曲线

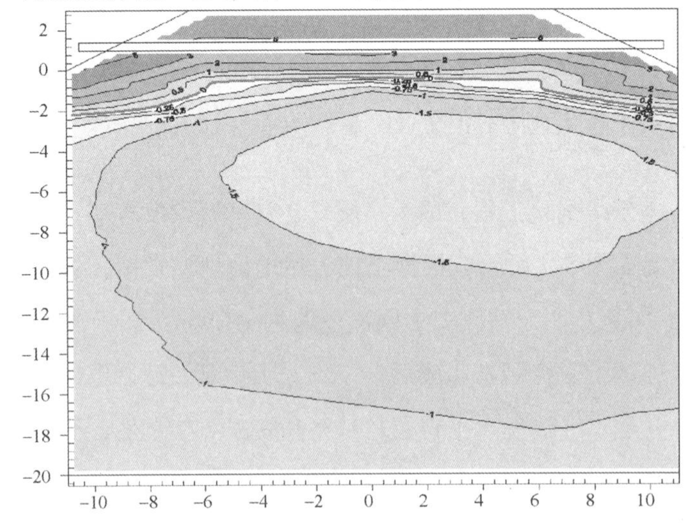

图 5-5　2012 年 10 月 1 日高速公路通风管－空心块层复合路基实测地温场

温场基本呈对称分布状态。可见，该复合路基结构不仅表现出较强的降温效果，且路基内平整分布的地温场有利于路基顶面保持平坦、变形均匀。

5.3　高速公路通风管－空心块层复合路基降温特性分析

为了研究复合路基的降温特性，对该路基建立数值计算模型，计算路基内温度场及其热流分布。

5.3.1　数值计算模型

5.3.1.1　控制方程

在计算中，路基内土体部分主要考虑介质的热传导和冰水相变，且认为土体中未冻水含量仅受温度影响，和第四章中相同。对于空心块层部分，采用等效传热方法考虑空心块层内传热特性，路基内传热过程可表示为：

$$\rho C\frac{\partial T}{\partial t}=\frac{\partial}{\partial x}\left(\lambda_x\frac{\partial T}{\partial x}\right)+\frac{\partial}{\partial y}\left(\lambda_y\frac{\partial T}{\partial y}\right)+\frac{\partial}{\partial z}\left(\lambda_z\frac{\partial T}{\partial z}\right) \tag{1}$$

$$C=\begin{cases} C_u & (T>T_p) \\ C_f+\dfrac{C_u-C_f}{T_p-T_b}(T-T_b)+\dfrac{L}{1+W}\dfrac{\partial W_i}{\partial T} & (T_b\leqslant T\leqslant T_p) \\ C_f & (T<T_b) \end{cases} \tag{2}$$

$$\lambda=\begin{cases} \lambda_u & (T>T_p) \\ \lambda_f+\dfrac{\lambda_u-\lambda_f}{T_p-T_b}(T-T_b) & (T_b\leqslant T\leqslant T_p) \\ \lambda_f & (T<T_b) \end{cases} \tag{3}$$

5.3.1.2 物理模型及材料参数

根据高速公路试验工程通风管－空心块层复合路基（简称“复合路基”）现场状况，建立三维物理模型，模型横截面及结构尺寸如图 5-6 所示。由于相邻通风管管壁之间净间距为 1 m，通风管内直径为 0.4 m，壁厚为 0.1 m，因此计算中物理模型厚度取 0.8 m。物理模型中地基土层分布和第四章中相同，从上到下分别为碎石亚砂土、砾砂、亚黏土和强风化泥岩，厚度分别为 0.5 m、1.5 m、6.0 m、22 m，计算中各层材料热物理参数如表 5-1 所示。其中，空心块层热物理参数，是根据在冷季、暖季期间内，空心块层内表现出的等效导热系数进行设定的。

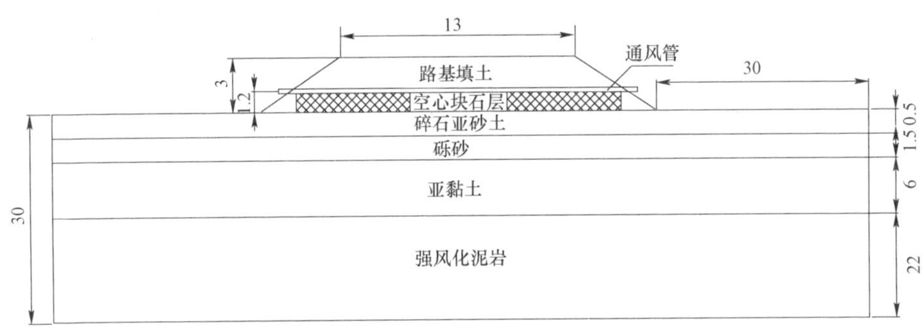

图 5-6　高速公路通风管－空心块层复合路基横截面示意图

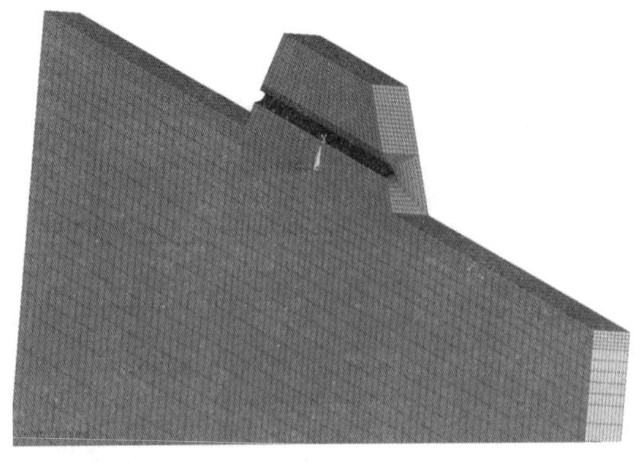

图 5-7　高速公路通风管－空心块层复合路基物理模型网格划分

表 5-1　计算中各材料物理参数

材料	深度/m	干密度/（kg・m^{-3}）	含水量/%	导热系数/（J・m^{-1}・h^{-1}・℃$^{-1}$）		比热/（J・kg^{-1}・℃$^{-1}$）	
				冻土	融土	冻土	融土
卵石土	路基填土	2 060	6	5 040	4 140	706.6	861.7
空心块层（垂直向）	0～1	800	0	25 928	1 765	840	840
空心块层（水平向）	0～1	800	0	1 268	1 268	840	840
碎石亚砂土	0～0.5	1 800	15	6 552	5 760	977.2	1 266
砾砂	0.5～2.0	1 900	10	9 405	6 897	810.0	1 044
亚黏土	2.0～8.0	1 600	30	7 632	5 112	1 222	1 608
强风化泥岩	8.0～30.0	1 800	15	6 552	5 760	981.8	1 272

5.3.1.3　边界条件

根据试验路基现场监测数据，计算中模型上边界条件按三角函数设定，并考虑青藏高原受气候变暖影响 $\alpha = 0.04$ ℃/a：

$$T = T_0 + \alpha t + A\sin\left(\frac{2\pi t}{8\ 760} + \frac{\pi}{2}\right) \tag{4}$$

计算中考虑阴阳坡温度差异，根据路基两侧坡面实测温度，阳坡坡面年平均温度约高出阴坡坡面 3 ℃。对于通风管内壁温度边界，根据试验路基通风管外壁实测温度发现，从阴坡坡面端至阳坡坡面端，管壁温度近似呈线性升高趋势，如图 5-8 所示。因此，通风管内壁按第一类边界条件进行设定，即按式（4）设定温度边界。根据现场实测数据，计算中温度边界设定参数 T_0 和 A 按表 5-2 取值。

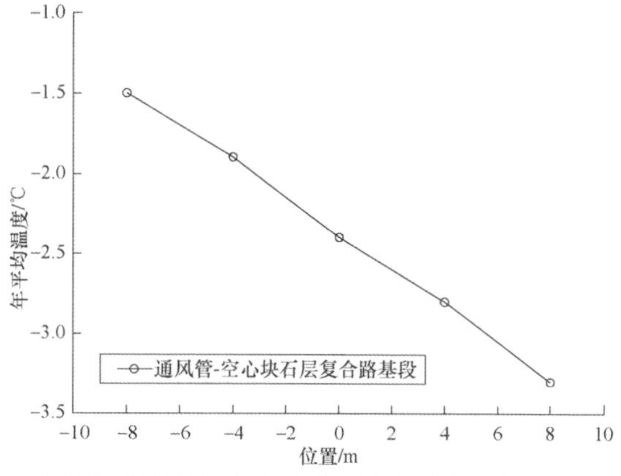

图 5-8　高速公路试验复合路基通风管内壁实测年平均温度分布

表 5-2　计算中物理模型边界温度参数

边界位置	T_0	A
路基顶面	4.1	14
阳坡坡面	3.3	10.6
阴坡坡面	0.5	12
分离式通风管	−2.4～0.1x	14.5
天然地表	−0.1	9.2

5.3.1.4　模型验证

为验证计算模型的可靠性，将计算值和实测地温场进行对比，如图 5-9 所示为 2009 年和 2015 年 10 月初路基中心下地温随深度分布曲线，在初始地温场一致的条件下，至 2015 年 10 月 1 日，尽管两者温度值存在较小的差异，但计算条件下地温场分布规律与实测值基本相同。计算条件下路基内低温冻土层范围，包括横向范围及深度范围相比实测地温场略小，造成计算和实测地温场差别的原因可能由于计算模型中地层简化中和现场实际地质条

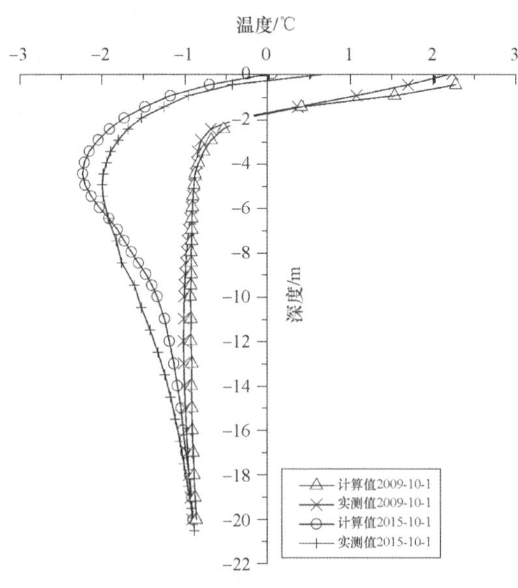

图 5-9　高速公路通风管－空心块层复合路基中心下计算与实测地温曲线对比

件存在差异。但两者地温场分布规律基本相同，仍可基于该计算模型进行后续的讨论、分析。

5.3.2 复合调控措施降温效能分析

如图 5-10 所示为一年内复合路基底面中心与天然地表温度变化曲线，由图可以看出，复合路基修筑后，原天然地表的温度变化过程产生较大差异。相比天然地表的温度，复合路基底面中心处冬季最低温度低出约 6 ℃，暖季最高温度低出约 7 ℃，冻结期持续时间约 2.5 个月。在该温度变化下，天然地表冻融指数约为 1，而在复合路基底面中心处冻结指数为 42.1×10^3 ℃ •h，融化指数为 2.9×10^3 ℃ • h，冻融指数达 14.3，这将使得路基下部冻土地基处于纯放热、冷能累积状态。

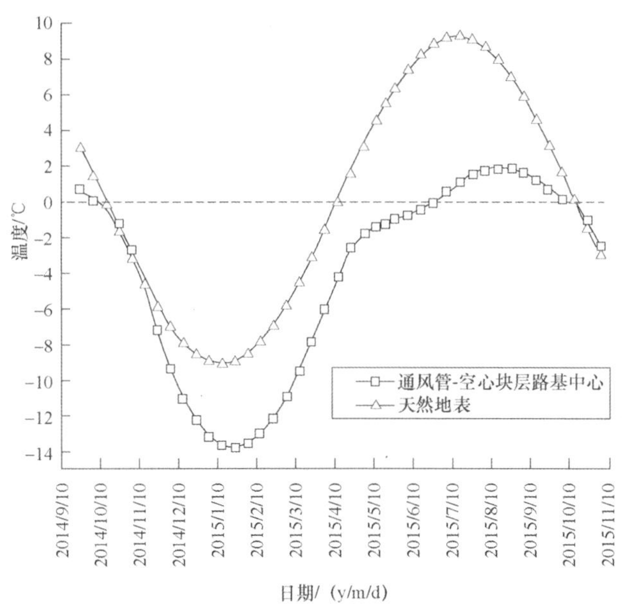

图 5-10　高速公路通风管－空心块层复合路基底面中心和天然地表温度变化

在复合调控路基作用下，路基下冻土地基中的热流状态发生了明显的改变，如图 5-11 所示为第 5 年复合路基中心和天然场地下年平均垂向热流密度随深度分布对比，图中热流正值表示热流方向向上，为放热状态，负值表示热流方向向下，为吸热状态。由图可见，天然场地下各深度处均呈较弱的吸热状态，这将使得下伏多年冻土持续缓慢升温，且多年冻土处于退化过程。但是，在复合路基发挥调控作用条件下，冻土地基的热流状态发生了显著变化，由原天然场地的吸热状态转变为较强的放热状态，这将使得多年冻土上限上升、冻土温度下降，完全改变了原有冻土地温变化趋势，并加强了路基的热稳定性。

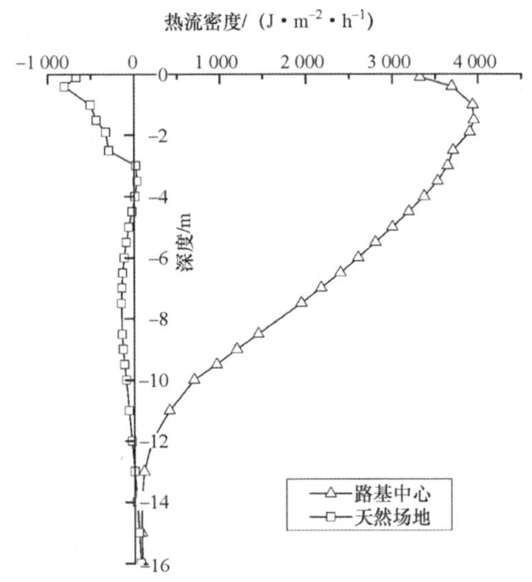

图 5-11　高速公路通风管 – 空心块层复合路基中心下年平均垂向热流分布

5.3.3　复合路基内传热过程及地温响应特征

5.3.3.1　路基内热流分布特征

在高温冻土区，无附加措施的沥青公路下冻土地基呈较强的吸热状态。但是在复合调控路基的作用下，冻土地基不同深度处热流状态如图 5-12 所示。图中，热流正值表示热流方向向上，呈放热状态，热流负值表示热流方向向下，呈吸热状态，横轴表示路基下相应位置，原点表示阳坡坡脚。在复合路基下，冻土地基总体呈放热状态。在路基两侧坡面下，0～4.5 m、17.5～22 m，热流由吸热状态转变为放热状态，且放热热流逐渐增大。在路面下区域内，4.5～17.5 m，热流均呈放热状态，受阴阳坡温度差异的影响，阴坡侧下的放热热流稍大于阳坡侧下的放热热流，两侧半幅下热流量的差异小于 1/10。可见，阴阳坡温度差异对该路基结构的调控效能影响较小，该区域内的热流密度分布比较均匀。随着深度增加，冻土地基中垂向热流密度总体呈减小趋势，如对于 2～4 m 深度之间土层，从 2 m 深度处表面流出土层的热流值大于从 4 m 深度处表面流入土层的热流值，这将使得该土层处于净放热状态。在该热流状态下，各深度处土层均处于持续降温过程，冻土地基也向有利于路基稳定性的趋势发展。

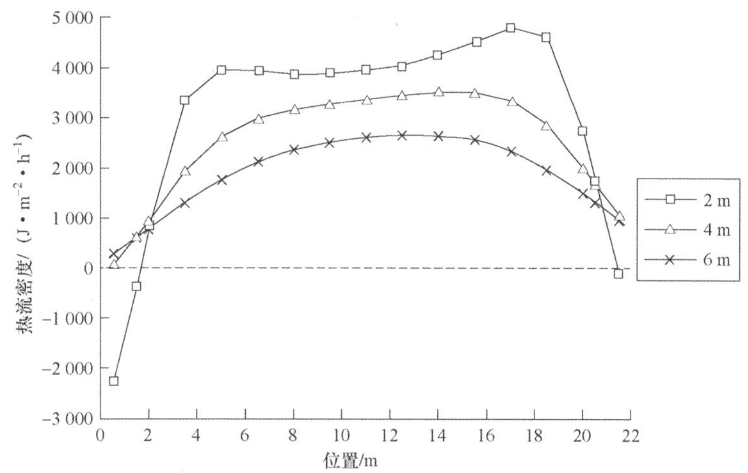

图 5-12　高速公路通风管－空心块石层复合路基下各深度处年平均垂向热流密度分布

5.3.3.2　路基内地温场及地温变化过程

根据青藏公路和青藏高速公路试验工程的监测数据显示，无附加措施的路基下多年冻土普遍发生融化、冻土上限下降等现象，但是通风管－空心块层复合路基引起的地温响应有所差异。如图 5-13 所示为计算得到的第 2 年 10 月 1 日复合路基下地温场分布状况，该地温场分布特征与图 5-5 所示的实测地温场分布特征基本一致。由图 5-13 可以看出，路基下冻土上限上升至约 – 1 m 深度处，路基顶面对应区域内冻土上限在横截面内分布比较平整，而整个冻土上限界面呈上凸状，这也将使得路基内部液态水向两侧坡脚扩散，能有效阻止路基内产生积水。同时，下部冻土温度相比初始地温场有所降低，并形成了温度低于 – 1.5 ℃的低温冻土核区，这将使得冻土地基具有更强的承载力，有利于路基保持稳定性。

对复合路基不同位置下地温变化过程进行分析，如图 5-14 所示分别为路基阳坡路肩、路基中心、阴坡路肩下地温变化等值线图。在路基完成后初期，各位置下地基均呈逐年降温趋势，且年最大融化深度均随时间减小，并随后保持在 – 1.0 m 以上深度范围内，受路基阴阳坡温度差异影响，阳坡路肩下温度变化趋势略高于路基中心和阴坡路肩下。结合路基内地温场分布和各位置下地基地温变化过程，路基各位置处将产生较均匀的冻胀变形，且能保持路基顶面平整，这点也在试验路基的观测结果中得到证实。

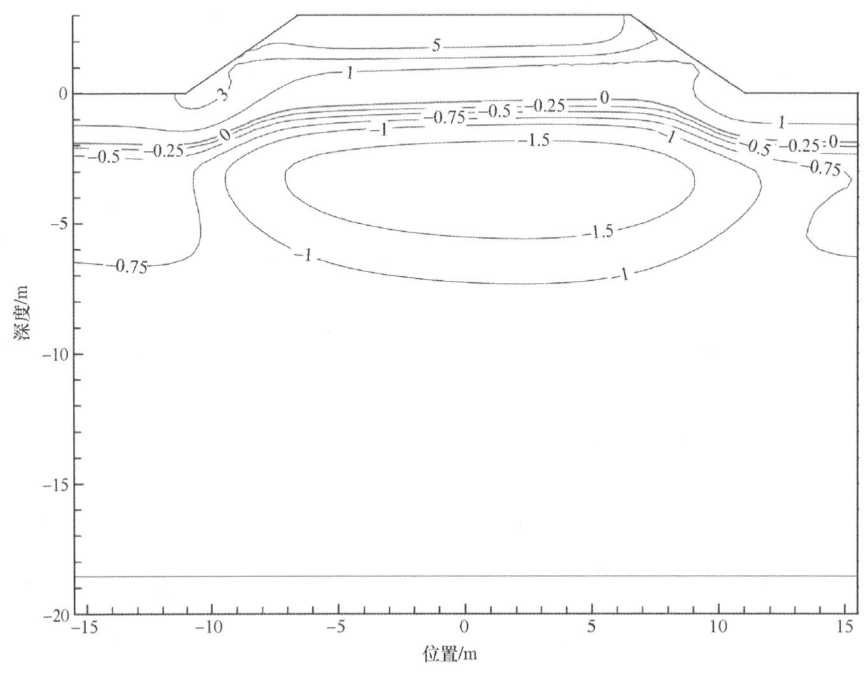

图 5-13　第 2 年 10 月 1 日高速公路通风管 – 空心块层复合路基下地温场

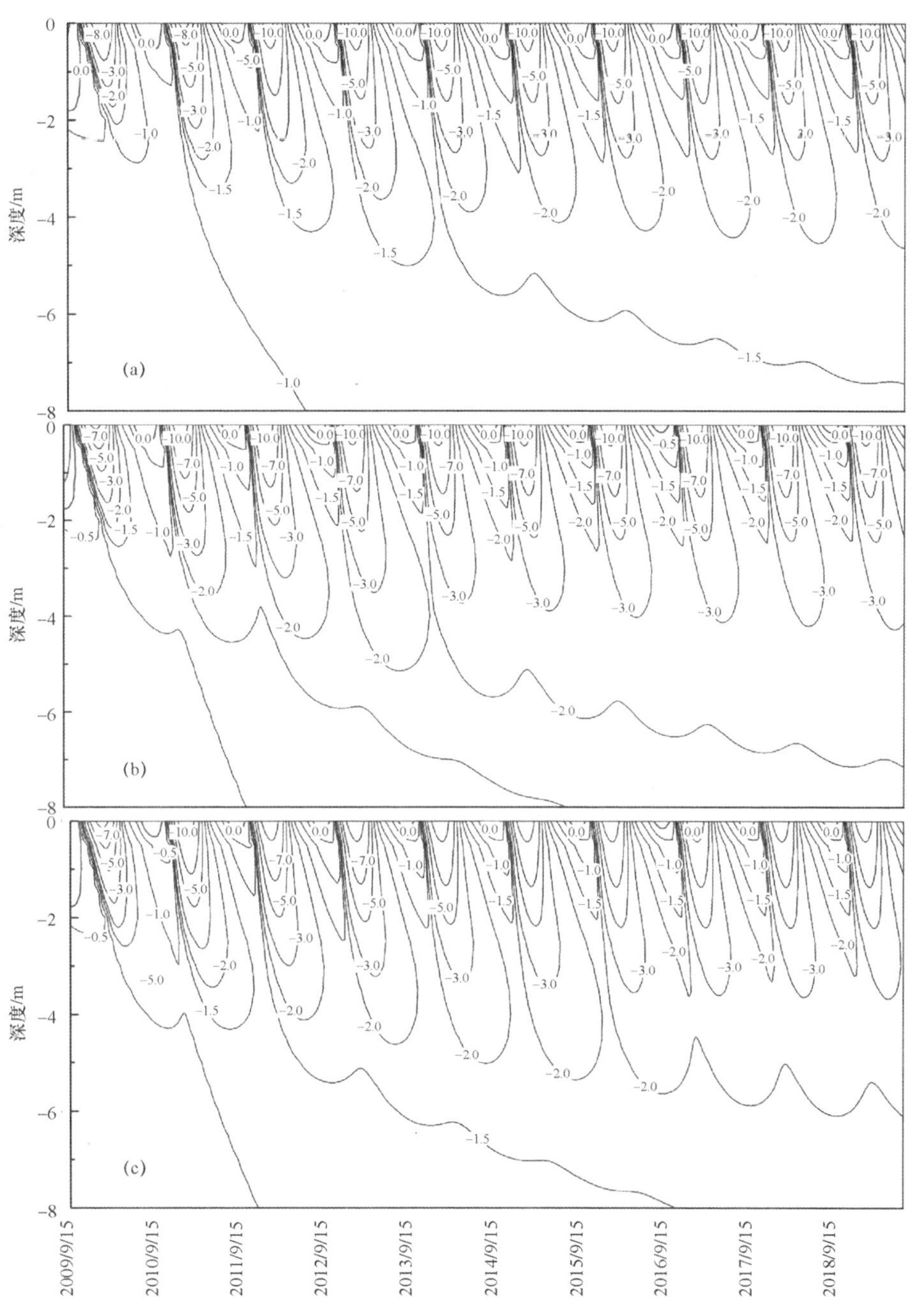

图 5-14　高速公路通风管－空心块层复合路基不同位置下地温变化

（a）阳坡路肩；（b）路基中心；（c）阴坡路肩

5.4 高速公路通风管－空心块层复合整体式路基“聚冷效应”的发现

为了研究复合路基结构应用到高速公路整体式路基尺寸条件下的调控效果，对整体式复合路基建立数值计算模型，计算路基内的温度场。根据计算结果，分析整体式复合路基的传热特性。

5.4.1 数值计算模型

青藏高速公路试验工程仅按照分离式路基尺寸修筑了各路基段，可以得到分离式路基形式下通风管－空心块层复合措施的实际调控效果，但在整体式路基条件下的实际调控效果则不得而知了。因此，下面将进一步对该复合措施结构整体式路基进行数值计算。计算中，控制方程与上一节中基本相同，但物理模型按照整体式路基尺寸进行调整，即将路基顶面宽度调整为 26 m。

在边界条件设置中，根据试验路基监测数据显示，通风管内年平均温度呈近似线性分布趋势。因此，在整体式路基通风管内仍假定按照该规律进行设定，固定通风管两端温度与分离式路基相同，通风管之间按线性取值，即 $T_0=-2.4\sim0.05x$，$A=14.5$。在该假定中，认为通风管长度变化对管内温度边界影响较小，故按分离式路基管内温度边界等比例进行设定。虽然通风管长度的增加会影响通风管内的对流换热效能，但在实际工程中可对通风管进行改良来实现本假设，如改变通风管入口段的流动结构，可增大对流换热强度约 30%以上；减少相邻通风管之间的间距，将当前 2 倍通风管直径的间距调整为 1 倍，或者增大通风管直径等，均能达到增强通风管换热效能的目的。因此，在计算整体式复合路基中，对通风管内温度边界所作的假设符合工程实际，认为是合理的。

5.4.2　复合整体式路基内传热特征

（1）路基底面垂向热流分布特征

当复合调控路基尺寸由分离式扩展到整体式时，将整体式、分离式两种复合路基内传热特性进行对比分析。在分离式复合路基下垂向热流近似呈对称分布状态，且阳坡侧半幅路基下热流密度略小于阴坡侧半幅，因此取阳坡侧半幅路基下热流密度进行代表性分析。如图 5-15 所示为两种复合路基下垂向热流分布状况，图中热流正值表示放热热流，负值表示吸热热流，横坐标原点表示阳坡坡脚位置，横坐标值表示距阳坡坡脚的距离。由于原天然上限深度约为 2 m，因此取－2 m 深度处的热流密度来估计复合路基对下部多年冻土地基的调控过程。

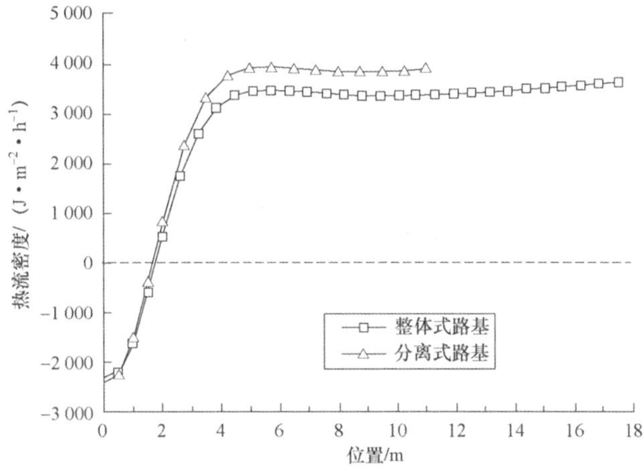

图 5-15　高速公路整体式、分离式复合路基下－2 m 深度处年平均垂向热流密度分布曲线

从图 5-15 中可以看出，在两种形式的复合路基对下伏冻土地基调控过程中，原天然上限深度处热流分布规律基本一致，在坡面下区域，热流由吸热热流逐渐转变为放热热流；在路基顶面下区域，热流主要表现为放热热流，且分布比较均匀，在整体式路基中心区域下的热流密度曲线保持延伸趋势，

分离式、整体式路基顶面对应区域下年平均热流密度分别约为 3.8×10^3 J·m^{-2}·h^{-1}、3.5×10^3 J·m^{-2}·h^{-1}，两者差异小于 10%。

总体来说，两种复合路基对下部冻土地基均产生了较明显的降温作用，但随着路基宽度的增加，降温过程中地基年放热热流量存在差异，在分离式复合路基下，冻土地基经路基底面流出的年热流量约为 6.10×10^8 J，而在整体式复合路基下地基年放热热流量约为 10.17×10^8 J，约是分离式的 1.67 倍，增加的部分主要集中在路基中心区域。

（2）路基坡脚下水平热流分布

在复合路基的调控作用下，下部冻土地基的温度较原天然场地有所降低，地基与周围冻土场地之间温度差引起两区域土体之间在坡脚下界面发生热交换过程。如图 5-16 所示为两种复合路基阳坡坡脚下年平均水平热流分布状况，图中热流密度正值表示热流方向流入地基，为吸热热流，纵坐标表示坡脚下深度，原点表示坡脚位置。

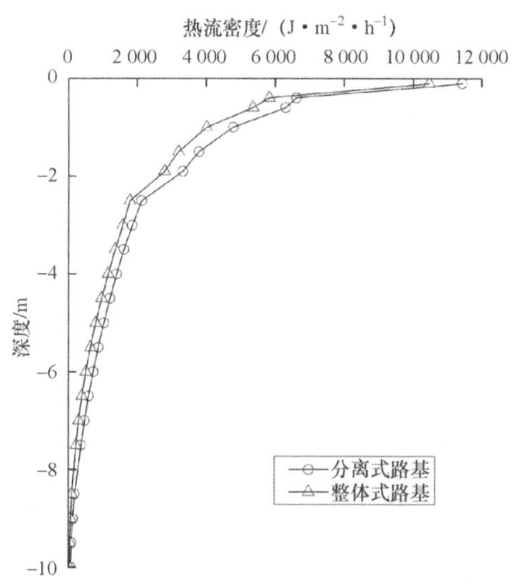

图 5-16　高速公路整体式、分离式路基阳坡坡脚下年平均水平热流密度分布曲线

从图 5-16 可以看出，在两种路基坡脚下的热流均为吸热热流，热流主要

集中在地表至－2 m 深度范围的土层内，随着深度的增加，热流量呈指数形式衰减，至－10 m 深度以下土层内水平热流衰减至可忽略。两种路基坡脚下水平热流分布特征基本一致，尽管路基宽度增加了 1 倍，但路基坡脚下水平热流值变化幅度仅约为 7%，可见地基与周边冻土场地之间的热交换作用受路基幅宽变化影响较小。

（3）冻土地基深处垂向热流分布

路基下地基主要持力层主要位于原天然地表至－10 m 深度范围内[193]，该范围内土体的性质对路基稳定性影响最显著。如图 5-17 所示为地基－10 m 深度处年平均垂向热流分布状况，图中热流正值表示热流方向向上，横坐标表示路基底面位置，“0 m”处表示路基中心位置，负值表示处于路基阳坡侧半幅下，正值表示处于路基阴坡侧半幅下。

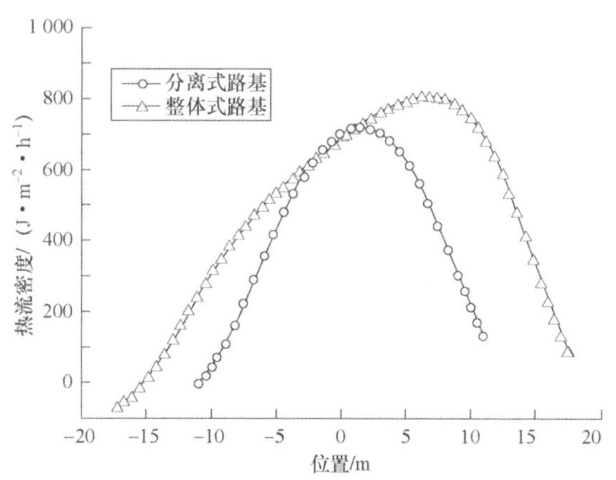

图 5-17　高速公路整体式、分离式复合路基下－10 m 深度处年平均垂向热流密度分布曲线

在两种路基结构下，对于－10 m 深度以下的土层，该热流均属于放热热流，将导致下部冻土层温度降低。由于该深度处热流密度值较小，路基阴阳坡温度差异的影响表现得比较明显，在路基阳坡侧半幅下放热热流小于路基阴坡侧半幅下的热流，在分离式路基下热流密度平均值分别约为 452 $J\cdot m^{-2}\cdot h^{-1}$、700 $J\cdot m^{-2}\cdot h^{-1}$，整体式路基下热流密度平均值分别约为 486 $J\cdot m^{-2}\cdot h^{-1}$、800 $J\cdot m^{-2}\cdot h^{-1}$。但对于－10 m 深度以上的持力层，该热

流属于吸热热流，整体式复合路基下的总吸热量约为 1.05×10^8 J，约为分离式路基下的 1.67 倍。

5.4.3 整体式复合路基下的“聚冷效应”特征分析

（1）整体式复合路基下“聚冷效应”表现

为评价路基下地基持力层内热量收支，分别对路基 –2 m 深度处、路基两侧坡脚下以及路基下 –10 m 深度处热流进行量化，年热量收支如表 5-3 所示，正值表示放热，负值表示吸热。

从表 5-3 中可以看出，路基下地基持力层均呈净放热状态，整体式、分离式复合路基下地基年净放热量分别为 5.35×10^8 J、1.78×10^8 J。通风管 – 空心块层复合路基在两种路基形式下均表现出较强的降温效果，与分离式相比，整体式复合路基顶面宽度增加了 1 倍，其路基底面占地面积约为前者的 1.6 倍，冻土地基经路基底面放出的总热量随着路基底面宽度的增加近似呈等比例增加趋势，但造成下部冻土地基的净放热量是前者的 3 倍。可见，该复合调控路基的降温效果并非随着宽度的增加而等比例增大，路基更宽的整体式复合路基造成下部多年冻土更多的净散热量，在冻土地基中积累更多的“冷能”，该种现象表现为“聚冷效应”。

表 5-3 冻土地基持力层内（–10～–2 m）年热量收支表（J）

计算对象	整体式路基（×10^8）	分离式路基（×10^8）	比值（整体式/分离式）
–2 m 处垂向热量	10.17	6.10	1.67
阴坡坡脚下水平热量	–1.26	–1.53	0.82
阳坡坡脚下水平热量	–1.92	–2.06	0.93
–10 m 处垂向热量	–1.05	–0.87	1.21
年净放热量	5.35	1.78	3.0
热量收支比	0.33	0.57	—

（2）“聚冷效应”产生的原因分析

本部分中，整体式复合路基下的“聚冷效应”是相对于幅度较窄的分离式提出的，造成该现象产生的原因可能在于：

首先，对于冷却路基来说，下部冻土地基的热量散失均是通过路基底面完成的。随着路基宽度的增加，路基底面的散热强度并未发生显著的变化，这使得整体式复合路基能造成冻土地基散发更多的热量。不仅如此，路基宽度的增加在冻土地基中造成了群体效应，使得靠近路基中心区域的冷能更难以散失。如图 5-18 所示为两种路基结构下持力层内水平热流量分布对比，图中，热流量正值表示热流方向指向路基内部，横坐标表示距阳坡坡脚处的距离。由图中可以看出，在两种路基结构下，周边场地的热量进入冻土地基，随着不断靠近路基中心，热流量总体呈减小趋势，尤其是路基顶面对应的区域。整体式路基相比分离式路基宽度增加，该热流量曲线在整体式路基中心区域下继续延伸发展，这更加剧了路基中心区域“冷能”向外散失的难度，从而在路基中心形成聚集，随着路基下深度的增加，造成了如图 5-17 所示两种路基下的热流密度分布差异性。

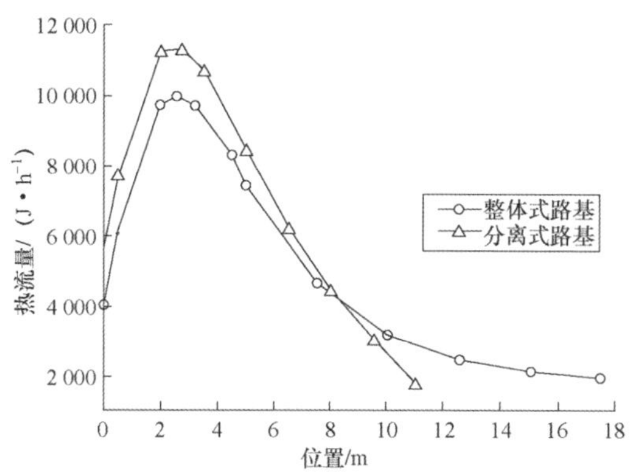

图 5-18　高速公路整体式、分离式复合路基阳坡侧半幅下
－10～－2 m 土层内年平均水平热流量分布曲线

其次，受地基持力层以下地热和路基外周边冻土场地的双重作用，复合路基的降温效能有所减弱。在路基两侧坡脚下和 – 10 m 深度处的热流对冻土地基均属于吸热热流，如表 5-3 所示，对于分离式复合路基，冻土地基的总吸热量与总放热量比值达 0.57，然后对于整体式复合路基，冻土地基的总吸热量仅占总放热量的 0.33，这就意味着在路基更宽的整体式复合路基能保留更大比例的“冷能”。

5.4.3.1 复合整体式路基地温响应特征

在复合路基的调控作用下，其调控效果最直接的体现在于冻土地基的地温变化。根据青藏高原多年地温监测数据及数值计算结果显示，天然场地冻土上限一般在 10 月初达最大深度；同样，经过暖季后，冻土地基达到一年中的最高温度状态，此时复合路基下仍然残留低温冻土核，因此，取 10 月初路基下冻土上限深度和地基低温冻土核最低温度变化进行分析，如图 5-19 所示为两种路基结构下地温特征在 50 年内的变化趋势。从长期调控效果看，冻土上限在路基完成后初期快速上升，并随后保持在较浅的深度，且整体式复合路基下冻土上限深度略小于分离式。路基下地基温度在初期阶段快速下降，并随后保持在较低的温度范围内，且整体式复合路基下土体最低温度较分离式复合路基低出约 0.5 ℃。相比之下，整体式复合路基较分离式具有较好的长期热稳定性。

至第 50 年，两种复合路基下地温场分布如图 5-20 所示，路基下冻土上限均处于较浅的深度，且在横向内分布比较平整，下部地基中形成低温冻土层（T< – 1 ℃），低温冻土层分布受阴阳坡面温度差异影响较小，关于路基中心近似呈对称分布状态，该地温场分布特征将减小路基产生的差异性变形。相比之下，第一，整体式路基下最低温度较分离式路基低出约 0.5 ℃，

两者最低温度分别约为 3.0 ℃、2.5 ℃；第二，整体式路基下低温冻土区不仅范围更大，而且深度更大，较分离式路基大约 3～5 m。

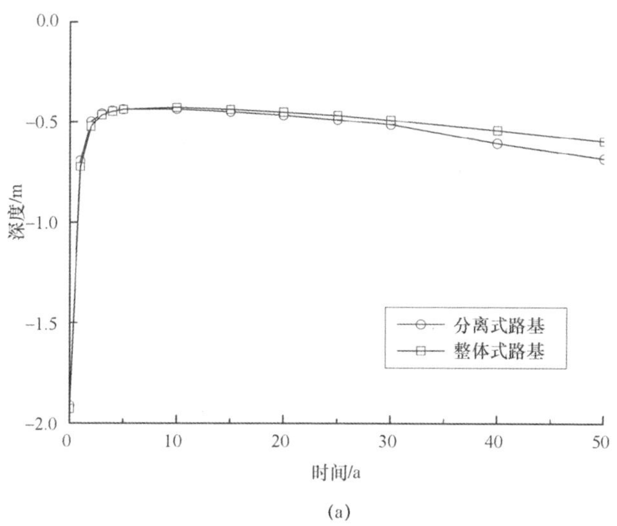

(a)

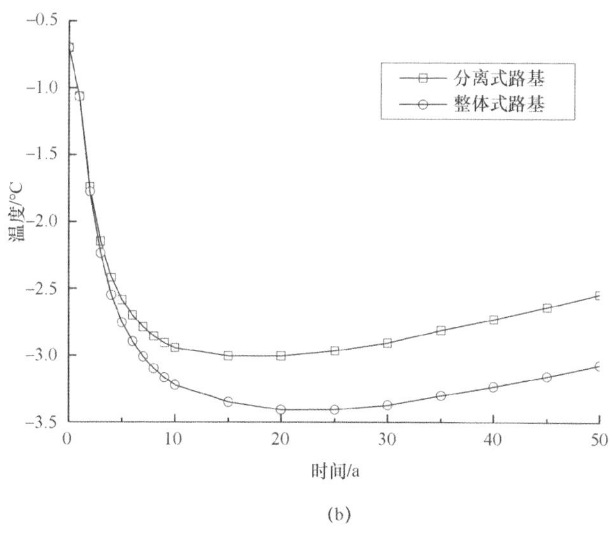

(b)

图 5-19 高速公路复合路基地温特征曲线

（a）冻土上限深度；（b）10 月初最低地温变化

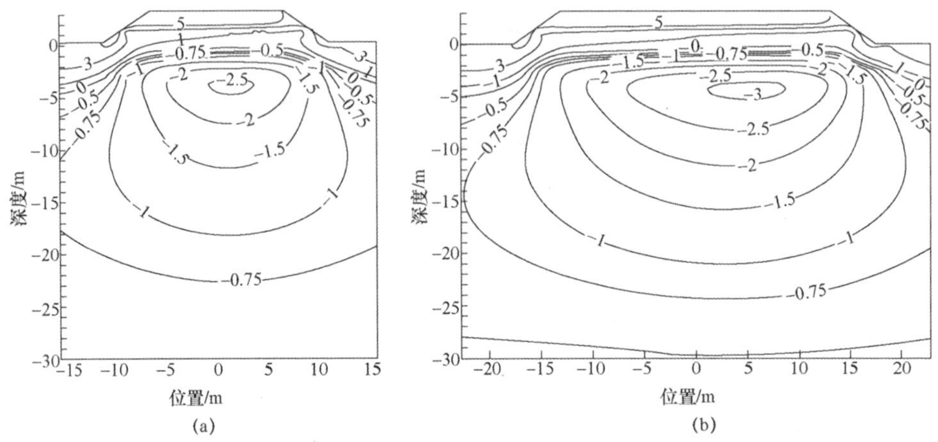

图 5-20　第 50 年 10 月 1 日高速公路复合路基下地温场分布

（a）分离式；（b）整体式

5.4.3.2　地基富余冷储量评估

当冻土温度降低至低于 – 1 ℃时，其压缩系数将基本保持恒定[5]，可以合理将 – 1 ℃作为冻土保持其力学性质的界限温度，当土体温度低于 – 1 ℃时，冻土具有冷能富余来抵抗外界热扰动。因此，可将低于 – 1 ℃冻土中的冷能部分定义为富余冷储量。

同样，对第 50 年 10 月 1 日路基地温场分布（见图 5-20）条件下的单位厚度地基内冷储量进行计算，计算公式如下式（5）所示：

$$Q = \iint \rho_i C_i \mathrm{d}T \mathrm{d}S \tag{5}$$

上式中，ρ_i、C_i 分别表示土层 i 的密度和比热容，i 对应表 5-1 中所示土体；T 为低于 – 1 ℃的土体温度；S 为计算土体的横截面积。根据上式计算，分离式路基下冷储量为 3.80×10^5 kJ，整体式路基下冷储量为 1.37×10^6 kJ。当后者路基顶面宽度增加至前者的 2 倍时，冷储量约为前者的 3.6 倍，并非等比例增加，这将使得整体式复合路基具有更强的抗热扰动能力。

5.4.3.3　复合调控措施及“聚冷效应”的工程意义

面对青藏高速公路即将全线修筑，通风管 – 空心块层复合措施在整体式、分离式路基条件下表现出的调控效果差异具有重要的工程意义，其主要表现在：

第一，修筑方案的选择。修筑方案的选择主要表现在高速公路路基形式的选择上，考虑到宽幅路基的强吸热作用以及难以对路基中心区域进行温度调控，当前更倾向于选择分离式路基修筑高速公路。然而，本章在对复合路基调控效果的研究中发现，该工程措施不仅对冻土路基具有显著的降温作用，而且应用于整体式路基条件下具有更好的热稳定性，采用该种修筑方案能最大限度地发挥该复合调控措施的降温效能。因此，当考虑采用该项复合调控措施时，应首选采用整体式复合路基修筑高速公路。

第二，路基长期热稳定性。已有的工程实践和研究成果表明，冻土路基的稳定性很大程度上取决于其地基的热状态，如路基内地温场 0 ℃等温线（人为冻土上限）的平整性和温度场的对称性。现场试验路基地温监测数据和数值计算结果显示，通风管 – 空心块层复合路基下地温场能够满足 0 ℃等温线平整性和温度场对称性的要求。因此，不论采用整体式或者分离式路基形式，为了保持路基热稳定都应考虑采用该项路基结构进行修筑。

第三，工程预算和生态环境保护。青藏高原上现有的线性工程，包括青藏公路、青藏铁路、青藏直流输电线路、格拉输油管道，以及即将修筑的青藏高速公路都处于狭窄的青藏工程走廊内，各类冻土工程相互影响和多因素耦合作用，不仅加速了该区域内冻土退化，影响工程的稳定性，更将对青藏高原脆弱的生态环境造成不可逆转的重大破坏。相比整体式路基，当采用分离式路基形式修筑时，不仅增加了工程量及工程占地面积，更将相应地增加对冻土环境的破坏。因此，在能满足路基稳定性要求的前提下，应首选整体式路基修筑高速公路。

5.4.4 复合路基调控效果及“聚冷效应”影响因素分析

在多年冻土区，通风管–空心块层复合路基内发生的传热过程为：外界热量主要经黑色路面进入路基填土，并进一步向下部冻土地基传递；传递过程中，通风管和空心块层共同发挥调控作用，一方面阻碍路基填土内的热量向下传递，另一方面将路基内的热量排出。因此，可能对复合路基调控效果产生影响的因素有：冻土环境温度、路基填土高度、空心块层传热特性。

路基工程所处的冻土环境将直接决定进入路基内的热源及通风管内的空气温度。如图 5-21 所示为计算得到的不同地表温度条件下复合路基低温冻土和内年最低温度变化曲线，无论在高温冻土区或低温冻土区，两种路基结构均表现出较显著的降温效果，且整体式复合路基下降温幅度均大于分离式路基。随着地表年平均温度降低，复合调控路基引起地基下温度变化幅度逐渐减小，如图 5-21（f）所示，且整体式和分离式路基下降温幅度差异逐渐增大。由此可见，在高温冻土区，该复合路基表现出较强的降温强度，但在低温冻土区，尽管降温强度稍减弱，但其自身具有较好的热稳定性，且整体式路基下的“聚冷效应”更为显著。

在路基内传热过程中，路基填土对热流向下传递表现为热阻作用，不同高度的复合路基下低温冻土和年最低温度变化趋势如图 5-22 所示。在各路基高度条件下，该复合路基对下部冻土地基表现出不同程度的调控效果，降温幅度均随着路基高度的增加呈逐渐增大趋势。随着路基高度的增加，不仅增加了由路基顶面进入的热量向下传递过程中的热阻，而且路基填土自身升温需消耗更多的热量，均将减少进入冻土地基的热量。此外，各路基高度条件下均存在“聚冷效应”，整体式复合路基下的降温幅度均大于分离式，但两者之间的差值随着路基高度的增加而减小。

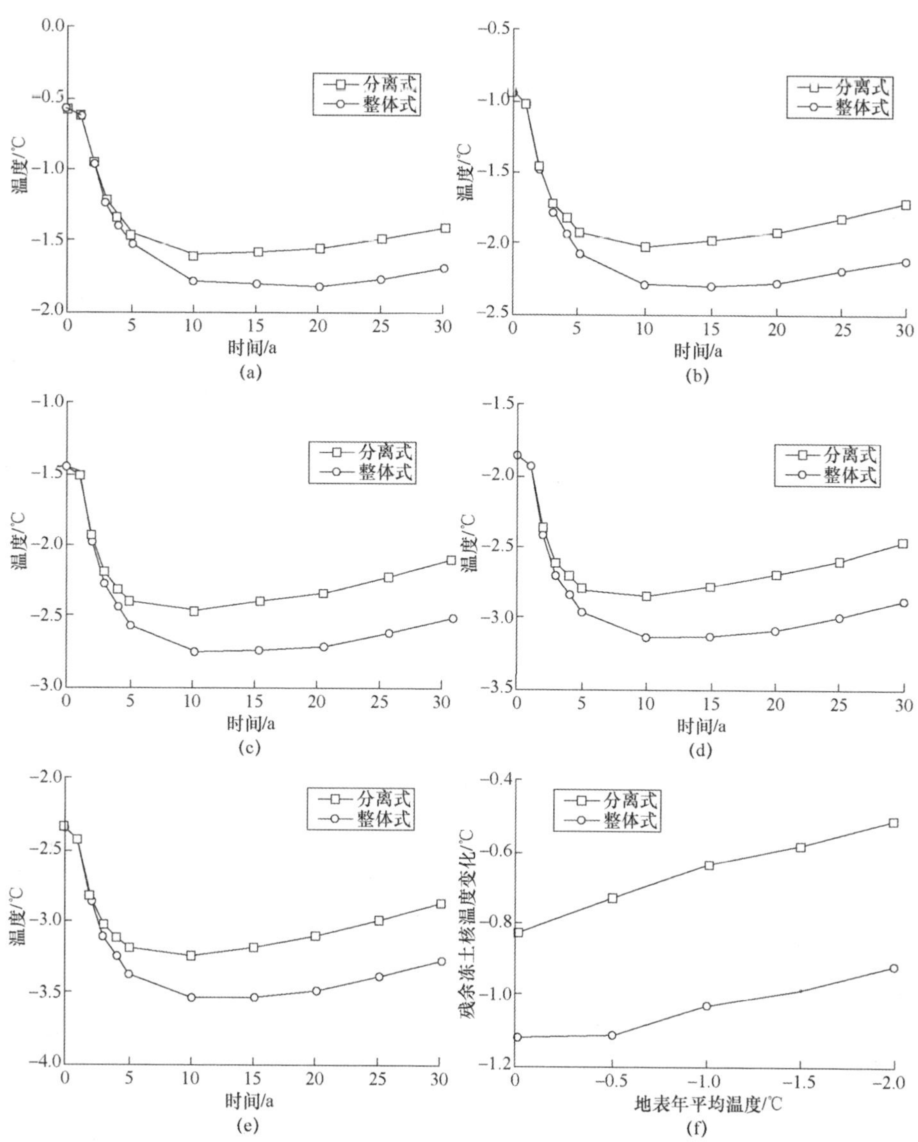

图 5-21　高速公路不同地表年平均地温条件下每年 10 月 1 日低温冻土核内最低温度变化及 30 年变化幅度

（a）*T*0=0 ℃；（b）*T*0=－0.5 ℃；（c）*T*0=－1 ℃；（d）*T*0=－1.5 ℃；（e）*T*0=－2 ℃；（f）低温冻土核最低温度变化幅度

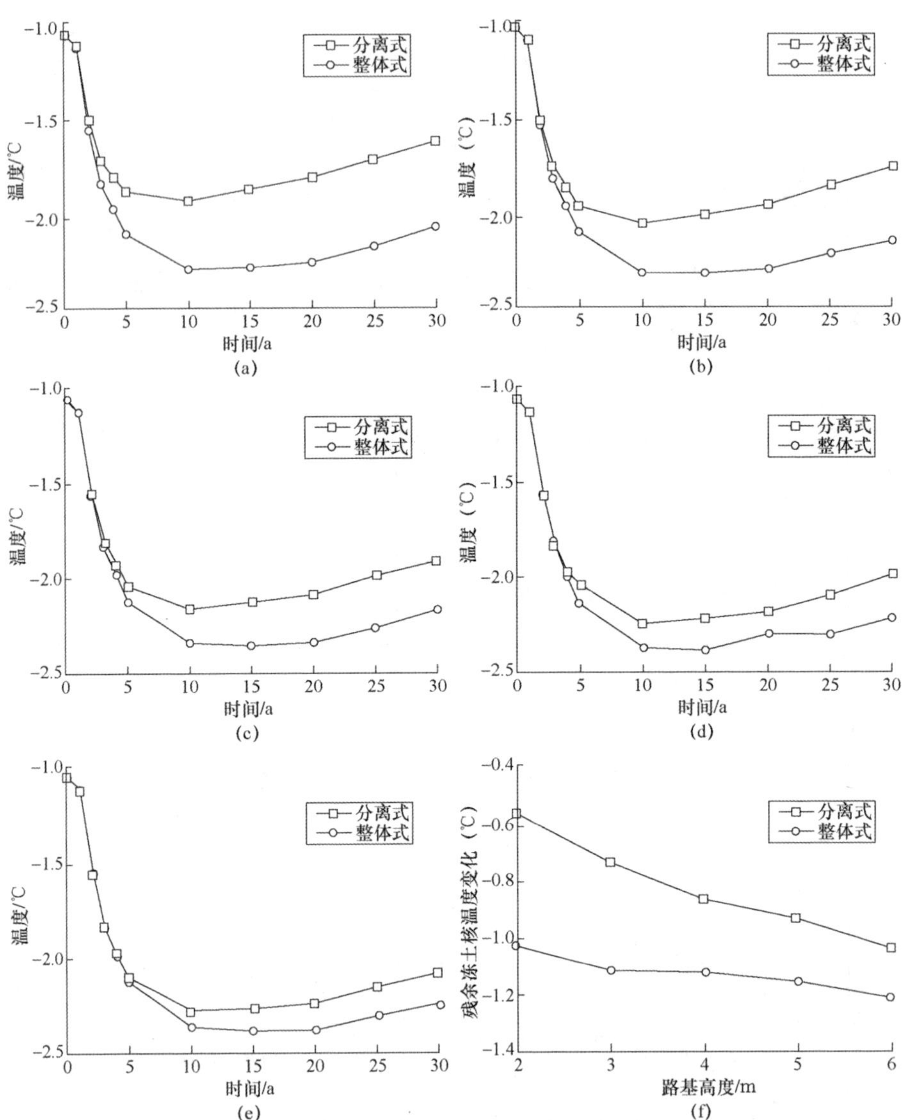

图 5-22　高速公路不同路基高度条件下每年 10 月 1 日低温冻土核内最低温度变化及 30 年变化幅度

（a）H=2 m；（b）H=3 m；（c）H=4 m；（d）H=5 m；（e）H=6 m；（f）低温冻土核最低温度变化幅度

由于复合路基空心块层内空气对流特征在不同时期内存在差异，使得空心块层的导热特性在冷季和暖季期间有所不同。根据试验路基现场实测数据计算可知，空心块层冷季和暖季等效导热系数比约为 7:1[196]。其中，在暖季期间，空心块层内空气呈近似静止状态，传热过程主要表现为热传导，等效导热系数主要取决于空气和空心块的性质；而在冷季期间，空心块层内存在空气对流，传热过程主要表现为热对流，等效导热系数更主要取决于层内的空气对流作用。空心块层在暖季期间表现为隔热作用，在冷季期间表现为促进热量传递，空心块层不同时期内导热性能差异对复合路基降温效果具有促进作用。随着空心块层尺寸或堆砌方式等发生变化，空心块层的等效导热系数也可能有所不同。为研究该种导热系数对复合路基降温效果的影响，在数值模型中通过改变等效导热系数比进行计算。计算中，维持其他条件不变，仅改变路基内厚度为 1 m 的空心块层冷季、暖季导热系数的变化，由此得到不同导热系数的比值（等效导热系数 α = 冷季导热系数：暖季导热系数）。

如图 5-23 所示为不同等效导热系数比条件下，复合路基低温冻土核最低温度变化曲线。当等效导热系数比为 1 时，如图 5-23（a）所示，即消除了空心块层不同期间导热性能的差异性，尽管在计算初期存在降温过程，从长期调控效果来看，地基温度有所升高。在该条件下，造成降温过程的主要原因是通风管调控作用。当空心块层的等效导热系数比大于 1 时，空心块层对复合路基降温效能的促进作用逐渐体现出来，且地基降温幅度随着等效导热系数比的增加呈增大趋势，如图 5-23（f）所示。此外，在各等效导热系数条件下，整体式复合路基下均表现出“聚冷效应”，地基内产生的降温幅度均大于分离式路基，且空心块层等效导热系数比越大，两种复合路基降温幅度差异也越大，产生的“聚冷效应”越强。

经上述分析可知，通风管－空心块层复合路基具有较广泛的适用性，即使在高温冻土区也能发挥较显著的降温效果，而在影响因素中，空心块层内的冷、暖季导热性能差异对复合路基调控效能的影响最为显著。因此，为保证该复合路基获得较好的调控效果，最重要的是保证空心块层施工质量，使其具有良好的导热性能。

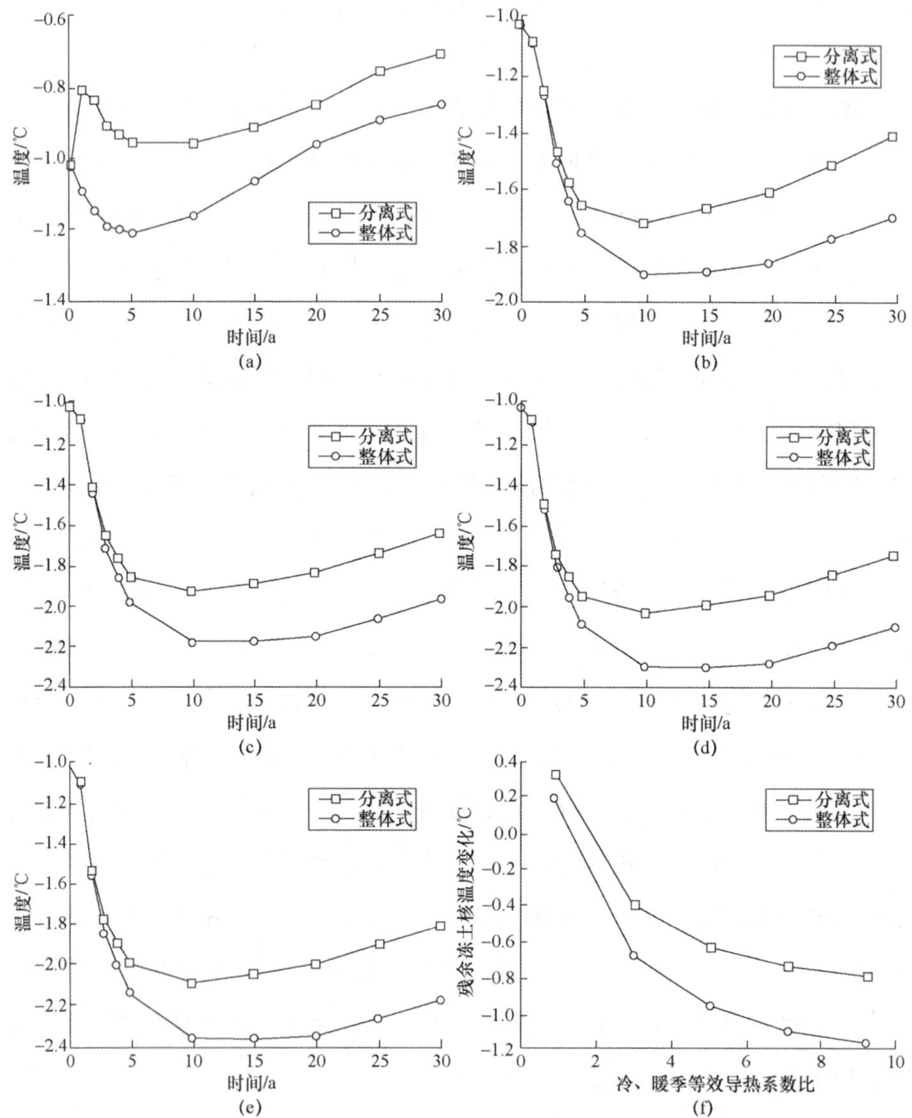

图 5-23　高速公路内空心块石层不同等效导热系数比（α）条件下每年 10 月 1 日低温冻土核内最低温度变化及 30 年变化幅度

（a）α= 1:1；（b）α= 3:1；（c）α= 5:1；（d）α= 7:1；（e）α= 9:1；（f）低温冻土核最低温度变化

5.5　本章小结

本章基于高速公路试验工程通风管－空心块层复合路基现场实测数据和数值计算结果对该种新型复合路基结构的降温效果进行了分析，并对其影响因素进行了讨论，得出以下主要结论。

（1）试验路基现场连续 6 年的地温观测数据显示，在通风管－空心块层复合路基的调控作用下，地基产生显著、持续的降温效果，不仅使得路基下冻土上限上升并保持在较浅的深度，且冻土地基温度降低了约 0.8～1.5 ℃，初始天然场地下的高温冻土层逐渐转变为低温冻土。从路基内温度场可以看出，该复合路基下地基温度场分布受阴阳坡温度差异影响较小，基本呈平整、对称分布状态。

（2）通风管－空心块层复合路基的修筑，完全改变了原天然场地的热流状态。在复合路基下，冻土地基由初始的吸热状态转变为放热状态，路基底面的热流在横向内基本呈均匀、对称分布状态。在该热流作用下，冻土地基地温持续下降，且温度场呈均匀变化趋势。根据对复合路基地温场 50 年计算结果显示，该路基结构能有效保护下部多年冻土，维持高速公路路基长期热稳定性。

（3）将通风管－空心块层复合路基结构运用到高速公路整体式路基条件下，当该工程措施发挥与分离式路基条件下基本同等的降温作用时，发现路基下出现“聚冷效应”。在整体式路基条件下，由于路基宽度的增加，冻土地基经路基底面放出的总热流量近似呈等比例增加趋势，使得复合路基结构的降温效能成倍提高，并由此产生“聚冷效应”。在相同的计算工况条件下，整体式复合路基下地基经路基底面放出的年总放热量约是分离式复合路基的 1.67 倍。根据 50 年路基温度场计算结果显示，在 10 月初，整体式路基下约－16 m 深度范围内地基温度基本低于－1.5 ℃，最低温度低于－3.0 ℃，其中，– 1.5 ℃低温冻土层底板深度比分离式路基增加了 4 m，整体温度较分离式降低了约 0.5 ℃以上。通过计算路基下低于 – 1.0 ℃以下冻土地基的冷储量，整体式复合路基下的冷储量约是分离式的 3.6 倍，这将使得整体式路基相比分离式路基具有更强的抗热扰动能力。

（4）在整体式路基条件下，复合路基产生“聚冷效应”的原因是：首先，路基放热效率提高。在路基底面，地基处于放热过程，在两侧坡脚下和持力层底面，地基处于吸热过程。整体式复合路基放出的总热流量约是分离式的 1.67 倍，但是整体式、分离式路基下地基在两侧坡脚下和持力层底面处的总吸热量分别是总放热量的 0.33 倍和 0.57 倍，这使得整体式复合路基相比分离式复合路基具有更高的“冷能”利用率。其次，路基宽幅条件对“冷能”具有聚集作用。在整体式宽幅条件下，路基宽度的增加使得路基周边场地的热量更难以传递至路基中心区域，这不仅有利于路基中心区域下的“冷能”保持和聚集，而且有利于“冷能”向更深处传递，在地基中产生的影响深度更大。在持力层底面处（– 10 m 深度处），整体式复合路基下的年平均垂向热流密度峰值比分离式路基高出约 14%。

第 6 章　结论、问题及展望

6.1　主要结论

本部分主要针对即将修建的青藏高速公路多年冻土段路基稳定性问题，基于北麓河地区青藏高速公路试验示范工程，无附加措施的对比路基、斜插热管路基、通风管–空心块层路基不同试验段的地温、变形观测数据的对比分析，结合现场地质钻探勘查资料，并借助数值计算方法，对高温高含冰量冻土区内高速公路条件下冻土路基传热特征、变形机理、热管路基纵向裂缝形成机理，以及通风管–空心块层复合路基调控效能等进行了研究，并得出以下主要结论。

（1）对多年冻土高速公路无附加措施的对比路基内热流及地温响应特征进行了系统的研究。研究发现，整体式路基下冻土地基吸收的热流量相比分离式路基增加了约 80%，增加的部分主要集中在路基中心区域。在宽幅路基“聚热效应”作用下，整体式路基下多年冻土升温和退化速度相比分离式路基加快了约 1 倍。在高速公路条件下，高低温冻土区划分温度界限为 –1.8 ℃，路基下地温响应特征和沉降变形来源在年平均地温为 –1.8 ℃附近发生变化。在年平均地温高于 – 1.8 ℃的多年冻土区，路基下冻土上限下降，地基地温持续上升，导致路基下地基同时发生融沉变形和冻土蠕变。在低于 – 1.8 ℃的多年冻土区，可通过调整路基高度，使路基下冻土上限不发生下降，路基下仅地温上升，导致路基下仅发生冻土蠕变。在青藏工程走廊内修筑高速公路，路基对周边冻土场地存在热影响作用，因此须考虑新修路基与现有工程之间、分离式两幅路基之间的相互热影响作用。为消除或削弱该相互热影响作用，相邻工程之间的热影响范围应相互独立。

（2）在多年冻土区，高速公路无附加措施的路基产生的变形特征与普通公路路基存在显著差异。高速公路的宽幅路基不仅增加了路基沉降变形，而且增大了路基横向差异变形。相比普通公路，高速公路路基最大沉降变形增大了约 60%，横向差异变形增大了约 30%，造成高速公路路基沉降变形及差异变形增大的根本原因在于宽幅路基显著增大了对下部冻土地基的热影响作用。高速公路路基沉降变形增大不仅来源于更大的融沉变形量，而且来源于更大比例的冻土蠕变。其中，融沉变形相比普通公路增加了约 16%，冻土蠕变占总沉降变形的比例由普通公路的 20%增加到高速公路条件下约 50%。受路基阴阳坡温度差异影响，从阳坡路肩至阴坡路肩，路基沉降变形来源中融沉变形占比由 57%减小至 41%，高温冻土蠕变占比由 43%增加至 59%。

（3）造成试验工程内斜插热管路基产生纵向裂缝的根本原因是路基内由热管引起的不均匀温度场。在热管线性、局部降温作用下，路基内产生了不均匀的温场，使得路基在横向内产生显著的不均匀变形，引起路基内应力发生重新分布，并在路基顶面出现最大拉应力。当路基顶面最大拉应力超过路面沥青混凝土的劈裂强度时，路基发生纵向开裂。根据计算结果分析，纵向裂缝萌发的位置位于阳坡侧半幅路基顶面内、距路基中心 1.8～2.8 m 范围内，该计算结果与试验路基现场裂缝分布位置基本一致。纵向裂缝最早可能出现在路基完成后第 2 年 5 月之前或者第 2 年 10～12 月。根据斜插热管路基变形发展趋势，当无外界水源补给时，路基的纵向裂缝将持续发育，最终将趋于一个稳定宽度。

（4）结合不同设置方式的热管路基降温特性，对斜插热管路基进行改良，并达到优化调控效果的目的。斜插热管路基的降温效果在路基中心区域比较显著，但在路基阳坡下较弱，难以阻止地基持续升温，最终导致路基内温度场呈不均匀变化趋势。直插式热管路基的降温效果在路基路肩下比较显著，该调控特性恰好能改善斜插热管路基调控效果在路基阳坡下的不足。因此，我们提出了直插-斜插交替式热管路基结构，即路基两侧的热管均按照斜插式、直插式交替设置。为进一步改善热管路基的调控效果，可在路基阳坡坡面上设置坡面温度调控措施。根据该新型路基结构的降温效果计算结果显示，该路基结构将大幅度改善路基变形稳定性，其中，最大沉降变形将相比斜插热管路基减少约60%，最大差异变形将减少约40%。

（5）通风管－空心块层复合路基结构产生显著调控效果的原因是该新型路基结构充分利用了空心块层的“单向导热”效应和通风管的对流换热作用，对冻土路基进行较强的降温作用，并完全改变了路基下冻土场地的热流状态，由初始的吸热状态转变为放热状态。同时，该路基结构削弱了路基阴阳坡温度差异对地温场的影响，使得路基内温度场基本呈平整、对称分布状态。根据对该复合路基长期的调控效果计算结果可知，该路基结构能有效维持多年冻土区高速公路路基的长期热稳定性，且该路基结构在多年冻土各地温区具有广泛的适用性。

（6）当通风管－空心块层复合路基结构在高速公路整体式路基条件下发挥调控效果时，路基内降温过程表现出“聚冷效应”。相比于分离式复合路基，“聚冷效应”表现在整体式复合路基能释放出更多的热量，使得路基下地基产生更大幅度的降温。在整体式复合路基内，路基底面放出的热流量约是分离式复合路基的 1.67 倍，增加的放热热流量主要集中在路基中心区域。“聚冷效应”产生的根本原因是路基幅宽的增加，这一方面增大了对冻土地基的放热效率，另一方面增大了周边场地的热量传递至路基中心区域的难度。在“聚冷效应”的作用下，路基内的“冷能”能更好地保存和聚集，并有利于向更深处传递。将该研究成果运用到修筑多年冻土高速公路时，采用整体式路基修筑能更好地维持高速公路的长期稳定性，并具有更强的抗热扰动能力。

6.2 问题及展望

在多年冻土区，道路工程稳定性问题一直未得到完全解决。冻土路基的稳定性受到多种因素的影响，不仅包括修筑的路基本身，更与冻土环境、地质条件等有关，而这些因素自身也具有较大的不确定性，对于高速公路，这些因素的影响将会更为显著。本部分主要从传热、变形、调控、病害等角度探讨了高速公路冻土路基的稳定性问题，但由于作者的水平有限，仍然有很多地方值得进一步完善。在此提出以下建议。

（1）在对路基稳定性的分析中，增加对水分迁移的探讨。本部分的研究成果是在未考虑路基内水分迁移的情况下得到的。在冻土路基内地温梯度的作用下可能引起较显著的水分迁移，该变化过程引起的路基内水分重新分布可能对路基变形产生影响。在试验路基内现有的监测系统中未布设监测含水量变化的设备，从而缺乏路基内含水量变化过程的数据。此外，试验路基的变形监测装置主要布设在路基顶面的 5 个位置，这样只能获得路基不同位置处产生的总变形量，但不能确切知道变形的来源以及不同深度处的土层内产生的变形量。因此，在将来的监测系统中可进一步添加水分监测和路基变形分层监测设备。

（2）探讨路基病害发生的临界条件。尽管在青藏公路、铁路部分路段及高速公路试验工程内热管路基段出现了纵向开裂，但仍然有大部分路基段保持较好的稳定状态。可见，该路基病害问题的出现存在临界条件，可能与当地的气候、地质、水文、植被等等均有关系。本部分的研究背景仅基于北麓河青藏高速公路试验工程场地，且未考虑当地的水文影响。因此，有必要考虑更多的影响因素研究路基病害发生的临界条件。

（3）进一步探讨冻土路基开裂发展、发育机理。青藏高速公路斜插热管路基段出现了较为典型的纵向开裂病害，本部分对该病害的形成机理是在裂缝未产生之前的路基状态进行的研究，但当裂缝萌发之后，路基的应力状态将有所改变，由静力学问题转变为土体破坏、断裂的问题，在裂缝尖端处出现强烈的应力集中现象。此外，热管的高效降温作用会使得其自身与附近的土体形成较大的温度梯度，水分迁移作用对路基变形会产生一定的影响，但在本部分计算中未考虑该作用，这也是值得进一步改进的地方。

（4）进一步深入对“聚冷效应”的研究，并完善通风管对流换热作用的研究。本部分中青藏高速公路试验路基对比断面的地温监测数据验证了前人提出的宽幅路基下“聚热效应”的存在性。同样，本部分对通风管－空心块层复合路基结构在整体式尺寸下相比分离式路基表现出的“聚冷效应”的研究在实际工程应用中具有重大意义。此处计算中管壁边界条件是由单幅路基扩展到整体式路基的假设设定的，通风管的长度对其换热作用的影响值得进一步研究和确认。同时，为了能更好地将该理论应用于冻土区高速公路的修筑中，仍然有必要进一步对其进行现场试验验证。

参考文献

[1] 邱国庆，刘经仁，刘鸿绪. 冻土学辞典［M］. 兰州：甘肃科学技术出版社，1994.

[2] 周幼吾，郭东信，等. 中国冻土［M］. 北京：科学出版社，2000.

[3] 徐学祖，王家澄，张立新. 冻土物理学［M］. 北京：科学出版社，2010.

[4] 李树德，程国栋. 青藏高原冻土图［M］. 兰州：甘肃科学技术出版社，1996.

[5] 苏联科学院西伯利亚分院冻土研究所，郭东信，刘铁良，等. 普通冻土学［M］. 北京：科学技术出版社，1988.

[6] 中交第二公路勘察设计研究院有限公司. 公路路基设计规范：JTGD30-2015［M］. 北京：人民交通出版社股份有限公司，2015.

[7] 交通运输部公路局，中交第一公路勘察设计研究院有限公司. 公路工程技术标准：JTGB01-2014［M］. 北京：人民交通出版社股份有限公司，2014.

[8] 安维东，吴紫汪，马巍，等. 冻土的温度水分应力及其相互作用［M］. 兰州：兰州大学出版社，1989.

[9] 赖远明，张明义，李双洋. 寒区工程理论与应用［M］. 北京：科学出版

社，2009.

［10］陆煜，程林. 传热原理与分析［M］. 北京：科学出版社，1997.

［11］朱元林，张家懿. 冻土的弹性变形及压缩变形［J］. 冰川冻土，1982，（3）：29-39.

［12］马巍，吴紫汪，盛煜. 冻土的蠕变及蠕变强度［J］. 冰川冻土，1994，（2）：113-118.

［13］周幼吾，郭东信. 我国多年冻土的主要特征［J］. 冰川冻土，1982，（01）：1-19.

［14］程国栋. 我国高海拔多年冻土地带性规律之探讨［J］. 地理学报，1984（2）：185-193.

［15］程国栋，赵林. 青藏高原开发中的冻土问题［J］. 第四纪研究，2000，（6）：521-531.

［16］王家澄，王绍令，邱国庆. 青藏公路沿线的多年冻土［J］. 地理学报，1979（1）：18-32.

［17］王志坚. 青藏铁路建设中的冻土工程问题［J］. 中国铁路，2002（12）：31-37.

［18］程国栋，何平. 多年冻土地区线性工程建设［J］. 冰川冻土，2001（3）：213-217.

［19］程国栋，马巍. 青藏铁路建设中冻土工程问题［J］. 自然杂志，2006（6）：315-320.

［20］吴青柏，牛富俊. 青藏高原多年冻土变化与工程稳定性［J］. 科学通报，2013，58（2）：115-130.

［21］章金钊，汪双杰，等. 多年冻土地区沥青混凝土路面的设计与施工［J］. 公路，2005（2）：124-127.

［22］徐学祖，王家澄等. 温度梯度诱导薄膜水迁移的冻胀机理［J］. 科学通报，1997（9）：956-959.

［23］钱进，俞祁浩，等. 大孔隙空心块石层对流及降温过程试验［J］. 中国

公路学报，2011，24（3）：8-15.

［24］牛富俊，程国栋，等. 多年冻土区管道通风路基温度边界条件及温度场实测研究［J］. 冰川冻土，2006（3）：380-389.

［25］张津生，孙成权，等. 21 世纪潜在的绿色能源——自然冷能［J］. 世界科技研究与发展，1999（1）：54-57.

［26］朱东鹏，董元宏，等. 宽幅沥青路面热效应对其下部土体热状态的影响［J］. 冰川冻土，2014，36（4）：845-853.

［27］彭慧. 青藏公路沿线冻土退化特征与道路工程热扰动研究［D］. 北京：中国科学院大学，2015.

［28］张建明. 青藏高原冻土路基稳定性及公路工程多年冻土分类研究［D］. 北京：中国科学院大学，2004.

［29］李晓宁. 高速公路通风管路基空气流动特性研究［D］. 北京：中国科学院大学，2016.

［30］钱进. 高等级公路对流调控技术适应性研究［D］. 北京：中国科学院大学，2011.